O Primeiro Encontro com o Psicanalista

Um Clássico da Psicanálise com Crianças e Adolescentes

O GEN | Grupo Editorial Nacional – maior plataforma editorial brasileira no segmento científico, técnico e profissional – publica conteúdos nas áreas de ciências humanas, exatas, jurídicas, da saúde e sociais aplicadas, além de prover serviços direcionados à educação continuada e à preparação para concursos.

As editoras que integram o GEN, das mais respeitadas no mercado editorial, construíram catálogos inigualáveis, com obras decisivas para a formação acadêmica e o aperfeiçoamento de várias gerações de profissionais e estudantes, tendo se tornado sinônimo de qualidade e seriedade.

A missão do GEN e dos núcleos de conteúdo que o compõem é prover a melhor informação científica e distribuí-la de maneira flexível e conveniente, a preços justos, gerando benefícios e servindo a autores, docentes, livreiros, funcionários, colaboradores e acionistas.

Nosso comportamento ético incondicional e nossa responsabilidade social e ambiental são reforçados pela natureza educacional de nossa atividade e dão sustentabilidade ao crescimento contínuo e à rentabilidade do grupo.

Maud Mannoni

O Primeiro Encontro com o Psicanalista

Um Clássico da Psicanálise com Crianças e Adolescentes

Revisão Técnica
Ana Carolina Simões

Psicóloga e Psicanalista. Membro da Escola Brasileira de Psicanálise (EBP-RIO). Mestre em Teoria Psicanalítica pela Universidade Federal do Rio de Janeiro (UFRJ). Especialista em Clínica Psicanalítica pelo Instituto de Psiquiatria da UFRJ (IPUB). Especialista em Psicanálise e Laço Social pela Universidade Federal Fluminense (UFF).

Tradução
Roberto Cortes de Lacerda

Segunda edição

- A autora deste livro e a editora empenharam seus melhores esforços para assegurar que as informações e os procedimentos apresentados no texto estejam em acordo com os padrões aceitos à época da publicação. Entretanto, tendo em conta a evolução das ciências, as atualizações legislativas, as mudanças regulamentares governamentais e o constante fluxo de novas informações sobre os temas que constam do livro, recomendamos enfaticamente que os leitores consultem sempre outras fontes fidedignas, de modo a se certificarem de que as informações contidas no texto estão corretas e de que não houve alterações nas recomendações ou na legislação regulamentadora.

- Data do fechamento do livro: 27/11/2024

- A autora e a editora se empenharam para citar adequadamente e dar o devido crédito a todos os detentores de direitos autorais de qualquer material utilizado neste livro, dispondo-se a editora a possíveis acertos posteriores caso, inadvertida e involuntariamente, a identificação de algum deles tenha sido omitida.

- **Atendimento ao cliente: (11) 5080-0751 | faleconosco@grupogen.com.br**

- Traduzido de
  LE PREMIER RENDEZ-VOUS AVEC LE PSYCHANALYSTE
  Copyright © 1979 by Denoël Gonthier
  All Rights Reserved.
  ISBN: 978-2-07-071232-8

- Direitos exclusivos para a língua portuguesa
  Copyright © 2025 by
  LTC | Livros Técnicos e Científicos Editora Ltda.
  Uma editora integrante do GEN | Grupo Editorial Nacional
  Travessa do Ouvidor, 11
  Rio de Janeiro – RJ – 20040-040
  www.grupogen.com.br

- Reservados todos os direitos. É proibida a duplicação ou reprodução deste volume, no todo ou em parte, em quaisquer formas ou por quaisquer meios (eletrônico, mecânico, gravação, fotocópia, distribuição pela Internet ou outros), sem permissão, por escrito, da LTC | Livros Técnicos e Científicos Editora Ltda.

- Capa: e-Clix | Consultoria Editorial
- Editoração eletrônica: Caio Cardoso
- Ficha catalográfica

CIP-BRASIL. CATALOGAÇÃO-NA-FONTE
SINDICATO NACIONAL DOS EDITORES DE LIVROS, RJ.

M246p
2. ed.

Mannoni, Maud, 1923-1998
  O primeiro encontro com o psicanalista : um clássico da psicanálise com crianças e adolescentes / Maud Mannoni ; tradução Roberto Cortes de Lacerda ; revisão técnica Ana Carolina Simões. - 2. ed. - Rio de Janeiro : LTC, 2025.

  Tradução de: Le premier rendez-vous avec le psychanalyste
  ISBN 9788521639039

  1. Psicanálise. 2. Psiquiatria infantil. 3. Psiquiatria do adolescente. . I. Lacerda, Roberto Cortes de. II. Simões, Ana Carolina. IV. Título.

24-94839

CDD: 616.890083
CDU: 616.89-053.2/-053.6

Meri Gleice Rodrigues de Souza - Bibliotecária - CRB-7/6439

Sumário

Apresentação e Nota da Revisão Técnica, vii
Ana Carolina Simões

Prefácio, xi
Françoise Dolto

Prólogo, xlviii

Capítulo 1
A Situação, 1
I. Dificuldades escolares, 1
II. Dificuldades de comportamento, 18
III. Reações somáticas, 38
IV. Estados pré-psicóticos e psicóticos, 51

Capítulo 2
O Sentido do Sintoma, 57
I. Dificuldades escolares, 59
II. Dificuldades de comportamento, 65
III. Reações somáticas, 71
IV. Estados pré-psicóticos e psicóticos, 75

Capítulo 3
Os Testes, 81

Capítulo 4
O que É Então o Encontro com o Psicanalista?, 93

Capítulo 5
Psicanálise e Pedagogia, 101

Conclusões, 109

Sobre a Autora, 113

Outras Obras da Autora, 115

Apresentação e Nota da Revisão Técnica

O trabalho de revisão técnica deste livro, anteriormente traduzido como *A Primeira Entrevista em Psicanálise – Um Clássico da Psicanálise*, representou um importante desafio, merecendo uma atenção cuidadosa para além da observação dos conceitos psicanalíticos apresentados na obra. Para essa empreitada, utilizei como consulta o texto original em francês. As alterações realizadas corrigiram imprecisões, elegendo termos já estabelecidos nas traduções em português, além de uniformizar a versão de conceitos e noções adotados ao longo do livro. A revisão buscou, sobretudo, dar relevo à unidade estilística da escrita de Maud Mannoni, compreendendo-a como fundamental para a transmissão de sua clínica.

Do ponto de vista da perspectiva técnica, a principal intervenção incidiu sobre o título do livro, justamente em adequação ao propósito de sua organização pela autora, que passou a ser *O Primeiro Encontro com o Psicanalista – Um Clássico da Psicanálise com Crianças e Adolescentes*. Essa mudança, aparentemente pequena, não corresponde a um preciosismo, mas exatamente ao recurso utilizado para marcar o primeiro contato com a especificidade da Psicanálise: sua escuta atravessada por uma ética do sujeito. Em nenhum momento do seu desenvolvimento, Mannoni faz uso de sinônimos para equivaler ou aproximar os termos consulta (*consultation*), entrevista (*entrevue*) e encontro (*rendez-vous*), empregando o último em raras ocasiões e com aguda precisão.

A psicanalista utiliza *consulta* para determinar a decisão de alguém – pais, educadores – recorrer à sua opinião como especialista sobre sintomas específicos, por exemplo, "distúrbios escolares" acompanhados de problemas de comportamento e dificuldades nas relações interpessoais nos casos apresentados.

O termo *entrevista* é aplicado às entrevistas preliminares, nomeado assim por Lacan (1955/56–1998), referente aos momentos iniciais de um atendimento psicanalítico. Em Freud (1913–1996), encontramos como "tratamento de ensaio". Corresponde a um tempo para o estabelecimento da transferência, do diagnóstico estrutural – que indique uma *direção de tratamento* –, e para a decisão pela continuidade ou não da análise propriamente dita.

Desse modo, Mannoni vai afirmar que nem toda consulta se transforma em uma análise e alerta para o cuidado do psicanalista em não ceder à demanda dos pais com o risco de perder a dimensão psicanalítica do caso – *a verdade do sujeito*.

Assim, ao construir o livro selecionando casos com crianças e seus pais, com base no recorte de suas primeiras consultas e *entrevistas preliminares*, Mannoni não quis fazer referência aos momentos introdutórios do processo analítico, nem mesmo aludir à pouca idade de seus pacientes. A palavra encontro (*rendez-vous*) faz uso do seu estilo provocativo para deslocar a Psicanálise do lugar de mais uma especialidade entre tantas dedicadas a tratar as "crianças-problema" e, com isso, destacar os efeitos produzidos a partir do *encontro* com essa escuta inédita.

O primeiro *encontro* marca, assim, uma ruptura "excepcional" com outros discursos, propostas terapêuticas e "respostas educativas", em que a especificidade da escuta faz apelo a uma verdade, ao preço do abandono de algum engano: "*Um encontro consigo mesmo, isto é, com um outro em si que ignora*" (Mannoni). A autora acrescenta que é possível guardar desse encontro a aposta em um novo tempo, não alienado no desejo do Outro – ao desejo dos pais, por exemplo.

Não por acaso são apresentadas 30 consultas com crianças e adolescentes, encaminhadas em sua maioria por educadores, pediatras e psiquiatras diante de quadros resistentes a tratamentos tradicionais. Ao longo de sua obra e prática clínica, Maud Mannoni teve importante destaque na luta antimanicomial de seu país, com críticas contundentes à psicologização da infância e da educação, centradas em um discurso normalizador, justificado pela adaptação de crianças e adolescentes a um ideal social. A psicanalista irá denunciar as consequências de tal imposição na construção de um discurso hegemônico, fixando as crianças "com problemas", "doentes", "atrasadas" ou "loucas" em posição de exclusão social e, ainda, que os especialistas e as instituições orientadas por esses ideais exerceriam um papel de patologização das singularidades, atuando a favor da manutenção dos sintomas e da alienação do sujeito, sem espaço para a sua enunciação.

A autora contextualiza esse panorama em seu aspecto político e aponta para o que chama de *vulgarização da investigação psicológica*, com o uso excessivo de testes, diagnósticos e padronizações, apartados do discurso do sujeito e de sua história. Distingue os sintomas com valor de mensagem, que precisam ser compreendidos a partir de um processo psicanalítico, daqueles que, não possuindo tal valor, poderiam ser, então, reeducados. Além disso, Mannoni destaca que só é possível compreender o significado de um sintoma localizando-o na relação do sujeito com o Outro, e que responder ao pé da letra a um problema específico, por exemplo, um "fracasso escolar" – compreendendo-o como uma simples não adequação das capacidades cognitivas e afetivas à aprendizagem educacional e demais práticas pedagógicas –, deixa escapar a possibilidade de que o sujeito se situe em sua própria história e sintoma, com acesso à sua verdade e à dimensão do desejo.

É dessa forma que, avançando em sua problematização das instituições hospitalares e educacionais, como espaços "alienantes",

Maud Mannoni cria, em 1969, a Escola Experimental de Bonneuil-sur-Marne em Paris – *um lugar para viver* – como um dispositivo de *não segregação*, para operar terapeuticamente com as "crianças-problema". Não havia especialistas compondo uma equipe fragmentada, mas, ao contrário, existia a busca por uma integração colaborativa. Nessa experiência, a psicanálise não se fazia presente como uma prática clínica, tampouco a serviço da pedagogia, mas atuava como um fundamento norteador, subvertendo, assim, tanto o saber quanto a prática.

Não estava em jogo criar um lugar igualmente normatizador, de ordem adaptativa, mas uma *instituição aberta*, que nomeou de instituição estourada – um espaço experimental, de ruptura, à margem dos ideais, com abertura às interrogações, às invenções, capaz de fazer uso dos inesperados e das enunciações para suscitar a emergência do sujeito.

Parece importante destacar toda essa trajetória, uma vez que o legado de Mannoni trata justamente dessa articulação única entre teoria e práxis, com um estilo questionador e crítico, que não recuava diante dos impasses de seu tempo. Psiquiatra de formação, jamais se esquivou dos enfrentamentos com as posições conservadoras da medicina, do movimento psicanalítico e das instituições em geral.

Desse modo, este livro ainda tão atual constitui-se – nos termos usados por Françoise Dolto – como um texto *apaixonante*, *documento-testemunho* sobre o saber-fazer do analista na clínica com crianças e adolescentes. Em meio a tantos desencontros, há o bom *encontro* com a psicanálise, com a ruptura dos paradigmas alienantes, em uma escuta capaz de fazer apelo à verdade do sujeito. Certamente um *clássico*, mas também um texto disruptivo, com a transmissão viva de uma clínica sustentada pela ética do desejo.

Ana Carolina Simões

Prefácio

Maud Mannoni e Colette Audry concederam-me a honra de escrever um prefácio para este livro. O leitor que já tenha lido a obra anterior da autora – *L'enfant arriéré et sa mère* (*A criança retardada e a mãe*)[1] – não ficará desapontado. Este prefácio talvez possa parecer árduo e com uma linguagem demasiado especializada aos leitores de Maud Mannoni, que tem o talento de escrever de maneira clara e fácil. Penso que ele será, porém, de interesse para alguns desses leitores, na medida em que proponho questões de profilaxia mental para os distúrbios afetivos e sociais, questão do meu agrado e premente na prática diária de Psicanálise com crianças. O leitor que se sentir aborrecido com o meu estilo deve passar de imediato ao texto de Maud Mannoni e depois voltar ao meu discurso, que lhe parecerá, então, menos ingrato. Foi minha intenção sublinhar e desenvolver as questões essenciais expostas e ilustradas pelo livro:

- A especificidade da Psicanálise
- A especificidade do psicanalista, a sua escuta
- As relações dinâmicas inconscientes pais-filhos. Patogenia ou saúde mental

---

[1] Maud Mannoni – *L'enfant arriéré et sa mère*. Editions du Seuil, maio de 1964, in "Champ Freudien", coleção dirigida por Jacques Lacan. Acréscimo da Revisora Técnica: a tradução do título em português adquire hoje uma conotação pejorativa e capacitista. A autora refere-se às crianças com atraso no desenvolvimento cognitivo. Atualmente, tal condição é nomeada como deficiência intelectual.

- O complexo de Édipo e a sua resolução. Patogenia. Profilaxia dos seus distúrbios
- A sociedade (a escola), o seu papel educacional patogênico ou profilático.

I. Especificidade da Psicanálise

O livro que o leitor tem nas mãos é simplesmente apaixonante. Contém o testemunho de uma longa experiência de consultas psicanalíticas. De uma forma viva, permite-nos percorrer, em poucas páginas, uma enorme documentação clínica e explica o que é a contribuição específica da Psicanálise nas consultas médico-psicológicas. Tratava-se de um ponto bastante importante para apresentar, pois, desde o começo deste século,* em consequência da descoberta da Psicologia experimental, genética, inter-relacional, existe um número crescente de pessoas cuja atividade profissional está dedicada à psicanálise, à orientação, à readaptação, a conselhos de todas as espécies e, por fim, à psicoterapia. A formação dessas pessoas é extremamente polimorfa, os métodos empregados têm a sua justificação experimental e apresentam fracassos e êxitos. A psicotécnica está hoje de tal forma difundida que não existe, por assim dizer, nenhuma criança das grandes cidades que, no curso de sua escolaridade, deixe de ser submetida a alguns testes individuais ou coletivos. Aplicam-se testes aos recrutas, aos empregados das grandes empresas; jornais e revistas chegam a ponto de oferecer aos leitores a possibilidade de fazer um juízo acerca de si mesmos mediante uma série de testes de padrões imprecisos, os quais, com maior ou menor seriedade, difundiram entre o grande público noções de psicologia. E a Psicanálise?

Dela, no entanto, se fala em toda parte, tanto na imprensa de fácil leitura como em Filosofia. Mas há tantas opiniões "psi"

---

*Nota da Editora: trata-se aqui do século XX.

e "dadores" de conselhos aos pais em dificuldade, que esses se convencem com excessiva facilidade da própria incompetência educacional e estão prontos, quando se trata dos filhos, para depositar as suas responsabilidades em mãos técnicas, como recorrem aos mecânicos quando o objeto em causa são os automóveis. O público, diante de toda essa máquina estabelecida em instituições, confunde o psicanalista com o especialista em psicossomático, o psicotécnico, o psicossociólogo, o orientador profissional, o reeducador, ou ainda o experimentador (aquele que procura, por curiosidade científica, provocar reações). Em todo caso, a maioria das pessoas, assim como muitos médicos, acredita que o psicanalista vai fazer isto ou aquilo, vai influenciar, vai moralizar, vai estimular, aconselhar, em suma, agir por meio de suas palavras, como um medicamento que atua por uma espécie de sugestão para levar o sujeito a comportar-se "bem".

Ora, o psicanalista não acrescenta um novo dizer. Ele permite às forças emocionais encobertas, em jogo conflitivo, encontrar uma saída, ficando a cargo do consultor dirigi-las por si mesmo... A Psicanálise é e continua a ser o ponto de impacto de um humanismo que vem enriquecendo desde Freud com a descoberta de processos inconscientes, agindo sem que o sujeito saiba e limitando sua liberdade. Esses processos inconscientes fortalecem-se muitas vezes porque criam raízes em processos primordiais da eclosão da personalidade, ela mesma sustentada pela função da linguagem, modo de relação inter-humano primordial à organização da pessoa humana.

A Psicanálise clínica é um método de pesquisa da verdade individual para além dos acontecimentos, cuja realidade não tem outro sentido para um sujeito salvo a maneira pela qual ela lhe foi associada e por ela se sentiu modificado. Pelo método de dizer tudo a quem tudo escuta, o analisando remonta aos fundamentos organizadores de sua afetividade de menino ou menina de tenra idade. Inacabado fisiológico no nascimento, o ser humano está exposto aos conflitos da sua impotência real e do seu insaciável desejo de amor e comunicação pelos pobres meios de suas necessidades, mediante os quais, assistido pelos adultos, cria a ilusão de trocar amor em encontros corpo a corpo, ciladas do desejo.

A capacidade de se encontrar revela-se a ele, para além das separações, nas zonas erógenas que o ligam ao corpo de outrem, no efeito a distância das sonoridades vocais do outro, que, carinhosas ou violentas, mimetizam os contatos memorizados no corpo. A função simbólica específica da condição humana organiza-se como linguagem. Essa linguagem, portadora de sentido, apresenta-nos um sujeito cuja existência original está revestida de dores e alegrias – sua história para ele –, do seu encontro com "o homem" (sob a forma dos seres humanos masculinos e femininos) que fez com que se soubesse "Homem" de um ou de outro sexo. Esse saber, esse "se ver",* pode torná-lo surdo, mudo, cego, paralítico, doente, em um lugar do seu corpo, por um contratempo do seu encontro. Isso é nada menos do que a restauração da sua pessoa original liberta da sua espera ilusória, ou desses efeitos-choques e contrachoques com o outro, a que visa o trabalho analítico, restauração que ele às vezes promove. Ciência do homem por excelência, a Psicanálise está, desde Freud (seu fundador), em perpétua investigação, e o seu campo de estudo vê os seus limites se ampliarem cada vez mais abrangendo desordens da saúde mental, da conduta e da saúde somática.

---

*Nota do Tradutor com acréscimo da Revisora Técnica: Em francês: "*Ce savoir, ce se-à-voir*", jogo de palavras que utiliza uma homofonia para aproximar o saber (*savoir*) e o se ver (*se-à-voir*). Esse recurso é muito utilizado na psicanálise francesa, cuja aposta – acompanhando Freud – é a de que o inconsciente se estrutura como uma linguagem.

II. Especificidade do psicanalista clínico

O livro de Maud Mannoni é um documento-testemunho, acessível a muitos. Ele faz com que o leitor se interesse pelo primeiro passo tomado por uma pessoa que vem se consultar (podendo o objeto da consulta ser ela mesma ou um ente querido), motivada por um pedido de auxílio ao psicanalista. Cada leitor, graças à arte da autora, se sentirá mais ou menos envolvido, iniciado em um modo novo e dinâmico de pensar as condutas humanas e os seus desregramentos. Compreenderá o que se quer dizer quando se diz, falando do psicanalista, que o que faz a sua especificidade é a sua receptividade, a sua "escuta". Ele verá pessoas que vieram, sabendo apenas a quem se dirigiam, enviadas pelo médico, pelo educador, por alguém que conhece as dificuldades em que estão, mas que não pode ajudá-las diretamente; essas pessoas, na presença de um psicanalista, começam a falar como falariam com qualquer um e, no entanto, a forma única de escutar do psicanalista, uma escuta no sentido pleno do termo, faz com que o discurso se modifique, adquira um sentido novo a seus ouvidos. O psicanalista não dá razão nem a retira; sem emitir juízo, escuta. As palavras empregadas pelos consultores são as suas palavras habituais, mas a maneira de escutar é portadora de um sentido de apelo a uma verdade que os obriga a aprofundar a sua própria atitude fundamental em relação a essa abordagem que ali fazem e que não mostra a menor semelhança com nenhuma outra abordagem em relação aos psicólogos, educadores ou médicos. Efetivamente, eles, devido à sua técnica, são orientados para a descoberta e a cura de uma deficiência instrumental. Respondem ao fenômeno manifesto, o sintoma: angústia dos pais, a perturbação escolar ou comportamental da criança, por um emprego de dispositivos específicos de socorro, preconizando medidas terapêuticas ou corretivas destinadas a reeducar.

Até o primeiro encontro com o psicanalista, o problema só é, pois, abordado no âmbito do motivo da solicitação, e a solicitação existe tão somente a propósito de questões de caráter negativo para o meio social. Já o êxito escolar, por exemplo, parece ser sempre em si mesmo um valor positivo, tal como a ausência de distúrbios de comportamento que perturbam também a tranquilidade do meio social. Ora, essas duas resultantes psicodinâmicas só têm valor cultural autêntico se o sujeito for efetivamente criativo e não apenas submisso às exigências dos adultos, se ele se encontrar em comunicação linguística, verbal, afetiva e psicomotora com o meio social, de forma adequada à sua idade, se estiver ao abrigo de tensões internas, livre, pelo menos nos seus pensamentos e juízos, da dependência do desejo de outrem, se estiver à vontade no trato com os companheiros de ambos os gêneros da sua geração, apto a amar e a ser amado, apto a comunicar os seus sentimentos, apto a enfrentar as frustrações e as dificuldades cotidianas de todas as espécies sem se descompensar, em suma, se ele mostrar uma flexibilidade de atitudes e de expressões que caracteriza a saúde mental. Alguns sintomas aceitos como positivos pelo meio social frequentemente insensível, que valoriza aquilo que o lisonjeia, são, na realidade, patológicos para o sujeito que não possui nenhuma alegria, nenhuma opção criadora livre, cuja adaptação é acompanhada de inadaptabilidade a outras condições que não sejam o seu estrito modus vivendi, e são de fato sinais de neurose infantil e juvenil atual ou enquistada. Para o psicanalista, o que importa não são os sintomas aparentemente positivos ou negativos em si mesmos, não é a satisfação ou a angústia dos pais – que, aliás, pode ser inteiramente sadia e justificada – diante de uma criança pela qual se sentem responsáveis, mas o que significa para aquele que vive, exprimindo tal ou qual comportamento, o sentido fundamental da sua dinâmica assim presentificada e as possibilidades de futuro que, para esse sujeito, o presente prepara, preserva ou compromete.

Seja qual for o estado atual aparente, deficiente ou perturbado, o psicanalista visa ouvir, por trás do sujeito que fala, aquilo que permanece presente em um desejo que a angústia autentica e, ao mesmo tempo, mascara, emparedado nesse corpo e nessa inteligência mais ou menos desenvolvida, em busca da comunicação com outro sujeito. O psicanalista permite que as angústias e os pedidos de socorro dos pais ou dos jovens sejam substituídos pela questão pessoal e específica do desejo mais profundo do sujeito que lhe fala. Esse efeito revelador, ele obtém pela sua escuta atenta e pela sua não resposta direta à demanda que lhe é feita para fazer desaparecer o sintoma, para apaziguar a angústia. O psicanalista, suscitando a verdade do sujeito, suscita ao mesmo tempo o sujeito e a sua verdade. Em um segundo tempo, que não constitui o objetivo deste livro e que é o momento do tratamento psicanalítico, o sujeito descobrirá por si mesmo a sua verdade e a liberdade relativa que lhe é permitida por sua posição libidinal em relação aos que o rodeiam; nesse segundo momento, tal revelação ocorre por meio da transferência.[2] O que este livro também ensina é a descoberta, que para muitos leitores será nova, de que, durante uma única entrevista psicanalítica, já aparece claramente o entrelaçamento das forças inconscientes entre genitores, ascendentes e descendentes. O leitor compreenderá sem dificuldade como um ser humano, desde antes de nascer, já está marcado pela maneira como é esperado, pelo que representa em seguida, pela sua existência real diante das projeções inconscientes dos pais, que, servindo de interlocutores e de modelos naturais, alteram com demasiada frequência na criança

---

[2] A transferência é a relação imaginária, ao mesmo tempo consciente e inconsciente, do analisando em face do psicanalista que, como testemunha, não responde, mas aceita os efeitos remanescentes da história do sujeito que subsistem mediante seus infortúnios patogênicos. Essa transferência é o meio específico do tratamento psicanalítico. O seu estabelecimento, a sua evolução e o seu desaparecimento final constituem o modo singular de cada tratamento.

o sentido das referências vividas com palavras justas, e isso por vezes desde o seu nascimento. Qual é, então, o papel do psicanalista? Acabo de dizer que é o de uma presença humana que escuta. Como esse ser humano feito como os outros, oriundo da mesma população, foi formado de sorte que a sua escuta produz tais efeitos de verdade? Pois bem, ele próprio foi formado por meio de sua própria análise, geralmente longa, e de sua condução clínica de casos, sob a supervisão de um psicanalista mais experiente. Essa formação permitiu-lhe chegar a uma autenticidade do seu ser, por trás do robô que todos nós somos e que devemos um pouco à educação. Por meio do discurso que ele escuta, a sua sensibilidade receptiva permite-lhe entender em vários níveis o sentido emocional subjacente ao discurso do paciente, e de um modo mais sutil do que em geral podem fazer aqueles que não foram psicanalisados.

III. As relações dinâmicas inconscientes pais-filhos, o seu valor estruturante sadio ou patogênico

Os exemplos dados por Maud Mannoni mostram esse fenômeno provocado na escuta psicanalítica; mostram também que é impossível para a comunicação transpor certos limiares. Naquele ponto em que a linguagem termina, é o comportamento que continua a falar, e quando se trata de crianças perturbadas, é a criança que, por meio dos seus sintomas, encarna e presentifica as consequências de um conflito vivo, familiar ou conjugal, camuflado e aceito por seus pais. É a criança que suporta inconscientemente o peso das tensões e interferências da dinâmica emocional sexual inconsciente em ação nos pais, cujo efeito de contaminação mórbida é tanto mais intenso quanto mais se guardam, ao seu redor, o silêncio e o segredo.

A eloquência muda de uma perturbação reativa das crianças torna presente, ao mesmo tempo, seu sentido e suas consequências dinâmicas inconscientes. Em síntese, é a criança pequena e a adolescente que são porta-vozes de seus pais. Os sintomas de impotência que a criança manifesta são assim uma ressonância às angústias ou aos processos reativos à angústia de seus pais. Essa impotência é muitas vezes a ilustração em escala reduzida da impotência de um dos pais, deslocada do nível em que ela se manifesta no adulto para o nível de organização libidinal precoce da personalidade da criança, ou ainda para o nível da organização edipiana em curso. A exacerbação ou a extinção dos desejos, ativos ou passivos, da libido (oral, anal ou pré-genital edipiana) ou a simbolização na criança das suas pulsões endógenas são a resposta complementar aos desejos reprimidos de pais insatisfeitos na vida social ou conjugal, os quais esperam da sua progenitura a cura ou a compensação para o seu sentimento de fracasso. Quanto mais jovens são os seres humanos, maior o peso das inibições dinâmicas sofridas direta ou indiretamente pelas tensões e pelo exemplo dos adultos, que acabam por mutilar o seu livre jogo de vitalidade emocional, e menos eles conseguem se defender criativamente delas; e os gravíssimos distúrbios do desenvolvimento psicomotor, mental ou da fragilidade de saúde, por efeito dito psicossomático, das crianças muito jovens, são a consequência dessas relações perturbadas com o mundo – enquanto o mundo da criança está ainda limitado ao adulto nutriz. Quantas desordens orgânicas do lactente e da criança de tenra idade são a expressão dos conflitos psicoafetivos da mãe, sendo esses devidos sobretudo à neurose materna, isto é, específica da sua evolução perturbada pré-marital, ou à neurose do pai, que perturba o equilíbrio emocional da criança pelas experiências emocionais sofridas pelo próprio pai e às quais ele submete diariamente sua mulher, mãe da criança.

"Estou com dor de cabeça", dizia um filho único de 3 anos. (Ele foi trazido para mim porque era impossível mantê-lo na escola maternal, onde não parava de se queixar da cabeça, parecia doente, passivo e consternado. Era, além do mais, sujeito à insônia, estado para o qual o médico não encontrava causa orgânica.) Comigo, ele repetia o seu solilóquio.

"Quem diz isso?", perguntei-lhe.

E ele continuava, repetindo em tom de lamúria: "Estou com dor de cabeça."

"Onde? Mostre-me onde é que a sua cabeça está doendo." Era a primeira vez que lhe faziam tal pergunta.

"Ali", aponta uma região da coxa perto da virilha. "E ali é a cabeça de quem?"

"Da mamãe." Essa resposta, podem crer, estarreceu os pais presentes.

A criança era filho único de uma mulher com enxaqueca psicossomática, superprotegida por um marido terno, 25 anos mais velho do que ela. O fato de ser filho único evidenciava assim a sua neurose de impotência e a sua fobia social, por meio de uma provocação até então compreendida como um modo de ser superprotegido. O contato com o psicanalista permitiu que a criança, ao longo de um número muito restrito de entrevistas, não mais se alienasse na identificação com esse casal ferido por sua vida difícil.

Trata-se quase sempre na primeira infância – a não ser no caso de sequelas obsessivas de doenças ou de traumatismos encefálicos – de distúrbios reativos a dificuldades parentais, a distúrbios entre os irmãos ou do clima inter-relacional ambiente. No caso de distúrbios posteriores da infância ou da adolescência, sem perturbações manifestadas na primeira infância, os distúrbios podem ser devidos apenas aos conflitos dinâmicos intrínsecos, em face das exigências do meio social e das provações do complexo de Édipo normal, mas as suas consequências podem provocar uma angústia reativa nos pais impotentes para ajudar o filho, ou envergonhados de sua crise de inadaptação à sociedade. A criança, ou o jovem, já testada em si mesma, não encontra mais segurança no seu meio social, tampouco junto aos pais, como na distante época em que o apelo a eles no perigo era a suprema forma de proteção. A criança, mesmo aparentemente mal-amada, só pode sobreviver aos primeiros anos recebendo ajuda e assistência, pelo menos involuntárias. Esse *padrão* de regressão-demanda permanece como o refúgio inconsciente de todo ser humano ("papai", "mamãe", "água" são as derradeiras súplicas do moribundo às forças protetoras). Diante da incompreensão do meio à sua volta, instalam-se reações em cadeia de decepções mútuas, intricadas de angústias recíprocas, processos defensivos e reivindicações insuportáveis. A energia residual livre reduz-se cada vez mais, acarretando a incapacidade de aquisições culturais novas no jovem e a perda da autoconfiança. Os comportamentos em tais grupos familiares – paralelamente à impotência social da criança – não passam de muralhas de um recinto fortificado, e as palavras trocadas nada mais são que projéteis entre atacados e atacantes.

A angústia e o isolamento – sentimentos ligados à culpa irracional mágica jamais aplacada – acarretam, na medida em que existe instinto de conservação, compensações reativas desculturalizantes. Depois de transpostas as idades dos distúrbios da debilidade reativa, após a debilidade psicomotora, após a debilidade escolar, vemos instalar-se o quadro clínico tardio dos transtornos de conduta com incidência social intrafamiliar. A privação de relações reestruturantes provoca o aparecimento das neuroses e da delinquência e, a partir daí, poderá ocorrer o desencadeamento psicótico ou a criminalidade.

Pelos exemplos citados, Maud Mannoni nos faz participar das primeiras entrevistas referentes a casos clínicos que ilustram todos os graus da perturbação, devidos visivelmente à carência de uma presença ponderada logo na primeira idade, à ausência de uma situação triangular socialmente sadia ou à ausência de esclarecimentos verbais às perguntas explícitas ou implícitas da criança, sensibilizada tardiamente por um acontecimento traumático que permaneceu incompreendido e que a deixou total ou parcialmente desnorteada, para nele perder-se por não ter sido socorrida a tempo. Esse refúgio emocional confuso, mais ou menos colmatado, a deixou vulnerável a qualquer acontecimento que ponha à prova o seu narcisismo e, tal como um sonâmbulo que desperta e se atemoriza com a realidade, cada acontecimento ulterior que a desafia a fará cair um pouco mais na confusão e na irresponsabilidade crescente.

Este livro torna de fato compreensível como a ausência crônica de possibilidades de trocas verdadeiras no decorrer da vida de um ser humano é tão corrosiva – ou até mais – quanto alguns traumatismos especificados. Pode-se dizer que muitos seres humanos têm assim a sua boa intuição "envolvida" por identificações caóticas, contraditórias, e sobrecarregada de imagens perturbadas. Essa torção, esse desvio da sua intuição natural por modelos não justamente referidos ao mesmo tempo à lei natural e à lei estabelecida, instaura relações simbólicas falseadas. São adultos seriamente neuróticos tomados como mestres e exemplos que produzem a confusão, ou a organização enferma ou perversa na estrutura da criança em crescimento. Maud Mannoni nos deu numerosos exemplos.

Quais são, portanto, as condições necessárias e suficientes no meio em que vive uma criança para que os conflitos inerentes ao desenvolvimento de cada ser humano possam resolver-se para ela de maneira sadia, ou seja, criadora, para que se obtenha uma pessoa trabalhadora e responsável no momento decisivo do Édipo e da sua resolução no remanejamento dos afetos, das identificações e dos desejos incestuosos, para que a angústia de castração ligada ao complexo de Édipo redunde no abandono dos fantasmas arcaicos ou perversos intrafamiliares e conduza o sujeito à sua expressão na vida social multifacetada e na vida cultural simbólica, aceitando as suas leis?

Pode-se dizer que a única condição, extremamente difícil e, no entanto, necessária, reside no fato de a criança não ter substituído um dos seus pais por uma significância aberrante, incompatível quer com a dignidade humana, quer com a sua origem genética.

Para que essa condição inter-relacional com a criança seja possível, esses adultos devem ter assumido a sua opção sexual genital no sentido amplo do termo, emocional, afetivo e cultural, independentemente do destino dessa criança. Isso quer dizer que o sentido da vida desses adultos está no cônjuge de cada um deles, nos adultos da sua faixa etária, no seu trabalho, e não na criança ou nas crianças pelas quais são responsáveis; isso quer dizer que o pensamento ou a preocupação com essa criança, o trabalho feito para ela, o amor que lhe dedicam jamais devem dominar a sua vida emocional, sejam essas emoções positivas ou negativas. Existe um meio parental sadio para uma criança quando a dependência maior do adulto em relação a essa criança (a qual, no início, é apenas dependência em relação ao adulto) nunca invade o cenário e domina a importância emocional que esse adulto dá à afetividade e à presença complementar de outro adulto. Se é preferível que esse adulto seja o cônjuge, no contexto atual da nossa sociedade, essa condição não é absolutamente indispensável ao equilíbrio da estrutura da criança; o importante é que esse adulto, sendo ou não o cônjuge legal, seja um companheiro realmente complementar, não apenas de vida, mas que focalize de fato as emoções do outro. E, no entanto, existem seres humanos que, em razão do seu destino ou dos acidentes sucedidos durante a sua infância, são privados da presença de um dos pais ou de ambos. O seu desenvolvimento pode processar-se de maneira tão sadia, com características distintas, mas tão solidamente e sem doença mental, nem impotência, nem neurose, quanto o desenvolvimento das crianças que têm uma estrutura familiar íntegra.

IV. A profilaxia mental de relações familiares patogênicas

Com efeito, os fatos reais vividos por uma criança não são tais como poderiam ser testemunhados por outros; é ao mesmo tempo o conjunto das percepções que ela tem deles e o valor simbólico que se desprende do sentido que essas percepções assumem para o narcisismo do sujeito. Esse valor simbólico depende em grande parte do encontro de uma experiência sensível efetivamente nova e das palavras justas ou não que serão pronunciadas ou não a seu propósito pelas pessoas ouvidas por ela; essas palavras ou a sua falta conservam-se e se manifestam na sua memória como representações verdadeiras ou falsas da experiência vivida. A imposição do silêncio às perguntas e às afirmações da criança, ou a ausência de diálogo a propósito dessas percepções, significa que o que a criança percebe como real não integra o mundo humano, e ela deixa essas percepções e aqueles com que ela experimentou dor ou prazer na mentira ou no reino indizível do silêncio cósmico mágico. Isso pode produzir-se a propósito das não experiências reais, pois o que é desejado pelo sujeito pode ser, por ele, na sua vida solitária e silenciosa, percebido imaginariamente e protegido assim da incongruência pressentida por ele em toda troca verdadeira de palavra. Mas, como as palavras engendram imagens, acontece que, quando uma criança experimenta desejos e imagina fantasmas a propósito deles, o fato cultural das palavras-imagens dadas em outras circunstâncias pelos pais produz o seu corolário; vale dizer: as imagens solitárias provocam a audição virtual de palavras parentais, anteriormente ouvidas a propósito de atos ou percepções com a mesma tonalidade de prazer ou desprazer. Assim se constrói e se desenvolve – pela ausência de trocas verbais – um narcisismo sem referência ao outro atual, mas apenas a um outro virtual, o "superego" sempre na etapa anterior. Além do que se passa na imaginação, provocado por desejos não verbalizáveis ou então com verbalizações interditas, há também o que toca o corpo e o comportamento das pessoas, bases da estrutura das leis do mundo humano, as variações da saúde psicossomática dessas pessoas, das quais a criança é testemunha sem ouvir a propósito delas verbalizações justas!

Cada vez que, antes da idade da resolução edipiana (6 a 7 anos no mínimo), um dos elementos estruturantes das premissas da pessoa é atingido na sua dinâmica psicossocial (presença ou ausência de um dos pais em um momento necessário, crise depressiva de um dos pais, morte ocultada, características antissociais do seu comportamento), a experiência psicanalítica mostra-nos que a criança está totalmente informada disso de maneira inconsciente e é induzida a assumir o papel dinâmico complementar regulador como em uma espécie de homeostase da dinâmica triangular pai-mãe-filho. É isso que lhe é patogênico. Esse papel patogênico, introduzido pela participação em uma situação real ocultada, é sobrepujado, ao contrário, parcial ou totalmente, por palavras verdadeiras que verbalizam a situação dolorosa que lhe é própria e que emprestam sentido ao que a criança está vivendo e para um outro ao mesmo tempo que para ela. Assim ocorre com os acidentes, mortes, doenças, crises de cólera, de embriaguez, destemperos da conduta que provocam a intervenção da justiça, cenas domésticas, separações, divórcios, todas as situações em que a criança é envolvida e cuja divulgação lhe é interditada ou, pior ainda, cuja realidade lhe é escondida; a despeito da interdição ou da ocultação, a criança sofre, sem que lhe seja permitido neles se reconhecer ou conhecer a verdade que percebe de maneira muito sutil e cujas palavras justas, para traduzir a sua experiência com eles compartilhada, ao lhe faltarem, levam-na a sentir-se estranha, objeto de um mal-estar mágico, desumanizante.

V. Substituição dos papéis na situação triangular pai-mãe-filho

Toda substituição do papel do pai pela mãe é patogênica, quer a mãe decrete a insuficiência do pai, colocando-se no lugar dele, quer ele esteja ausente, ou, ainda, quer ela não se refira ao seu desejo a ele. Com efeito, essa substituição significaria que a mãe o julga insuficiente em relação a quê, a quem? A mãe, ao fazer isso, refere-se obrigatoriamente seja ao seu próprio pai, seja a um irmão, seja ao seu próprio desejo homossexual, seja a outros homens mais viáveis do que aquele que é efetivamente o pai da criança (homens idealizados por ela, que se sente impotente para os ter escolhido por companheiros). Toda substituição do papel da mãe pelo pai, se a mãe se acha ausente ou se é realmente ameaçadora em consequência de um estado adoecido atual, tem o mesmo papel patogênico de desvio da situação triangular se não houver uma referência ao seu desejo à mãe reconhecido pela criança. Toda situação em que a criança serve de prótese a um dos seus pais, genitores, irmão ou irmã, ou avô do polo complementar, companheiro faltante ou não valorizado, por mais casto que seja nos fatos esse companheirismo, é patogênica, sobretudo se não se verbaliza à criança que essa situação é falsa e que ela pode livremente dela se esquivar. Cada vez que se substitui ao papel responsável dos genitores, impotentes para preenchê-lo, alguma outra pessoa (a avó ou a irmã encarregada de desempenhar o papel de mãe, o tio-avô o papel do pai), há também uma torção, um desvio, pois a situação trinitária pode existir, mas a pessoa que suporta a imago paterna ou materna não é marcada com uma rivalidade sexual pelo papel real de cônjuge genital à mãe do sujeito ou ao pai do sujeito, isto é, o rival, regularizador, pela angústia de castração, das suas inspirações incestuosas. Todas essas substituições, próteses enganadoras que todavia tornam a vida material por vezes mais fácil, aparentemente ou no imediato, poupando a criança de experiências de verdadeira solidão, de abandono, não oferecem perigo se o fato da relação real dessa pessoa-substituto for constantemente sublinhado como não sendo de direito natural, mas como uma tomada do lugar do genitor ausente, deixando à criança a sua livre opção natural e a liberdade de assumir em confiança as suas próprias iniciativas. Por outro lado, no caso das crianças e das pessoas que foram assim falsamente construídas antes dos 5 a 7 anos, com uma simbolização enganadora, existe a possibilidade de tratá-las pela Psicanálise, por causa da verdade do sujeito que pode surgir, devido ao papel regulador da expressão justa, dos sentimentos verdadeiros e dos afetos adequados experimentados no momento da sua revivescência no decorrer de um tratamento, quando esses sentimentos e esses afetos afloram na relação de transferência e são como que destecidos ou desencapados ou desincrustados, por assim dizer, da sua carne e do seu coração, da obliteração que é a obrigação alienante de se calar. Incidentes muito angustiantes para o paciente e às vezes para o meio social imediato acompanham a iminência da ressurgência de uma verdade antes que a palavra venha integrá-la em uma linguagem sensata. Em suma, a situação de cada ser humano na sua relação triangular real e particular, por mais dolorosa que seja ou tenha sido, conforme ou não a uma norma social, é a única, se ela não é camuflada e truncada nas palavras, capaz de formar uma pessoa sadia na sua realidade psíquica, dinâmica, orientada para um futuro em aberto. Nessa situação triangular, o sujeito, seja ele quem for, se constrói sobre a sua existência inicial no dia em que a concebe, a partir da sua inexistência ou sobre a sua existência, presentificadas mais tarde na sua primeira ou segunda infância pelos seus verdadeiros genitores. Ela é, nesse caso, simbolizada para a criança por pessoas substitutivas sobre as quais ela transfere as suas escolhas bissexuais. O ser humano somente pode superar a sua infância para encontrar a sua unidade dinâmica e sexual de pessoa social responsável libertando-se mediante um dizer da verdade a respeito de si mesmo a quem o pode ouvir. Esse dizer o instala, então, em sua estrutura de criatura humana real, cuja imagem específica, verticalizada e orientada para os outros homens pelo símbolo de uma face de homem responsável, a sua, está referenciada a face a face com os seus genitores particularizados e pelo nome que ele recebeu no nascimento, de conformidade com a lei; esse nome ligado à sua existência é, desde a sua concepção, portador de um sentido com valor único e que é sempre vivo, após todas essas similaridades multiformes e multipessoais, desmistificadas umas após as outras.

VI. O complexo de Édipo e a sua resolução. Patogenia ou profilaxia psíquica dos seus distúrbios

Este livro proporciona também ao leitor uma compreensão das consequências singulares daquilo que Freud genialmente descobriu e descreveu: o complexo de Édipo como etapa decisiva que cada ser humano atravessa depois de tomar clara consciência de pertencer ao gênero humano, expresso pelo seu sobrenome, e de portar um corpo aparentemente de um único gênero, designado pelo seu nome. O papel da dinâmica triangular pai-mãe-filho, em jogo desde a concepção para a criança, sofre as consequências inter-relacionais da forma como se viveu e resolveu o Édipo de cada um dos dois. É, de fato, na intervenção do desejo de cada um de seus pais a seu respeito, para complementá-lo ou opor-se, que a criança, na sua evolução, dialetiza a sua estrutura inconsciente em face da lei do interdito do incesto e das frequentes reviravoltas que experimenta no seu advento humanizante, diante dos comportamentos regressivos neuróticos ou psicóticos de seus pais, de seus avós ou das irmãs e irmãos mais velhos.

O complexo de Édipo – cuja organização se instala desde os 3 anos com a convicção do seu sexo e se resolve (o mais cedo possível por volta dos 6 anos) com a resolução e o desligamento do prazer incestuoso – é a encruzilhada das energias da infância, a partir da qual se organizam as avenidas da comunicação criativa e da sua fecundidade assumida em sociedade.

Muitos acreditam que o complexo de Édipo só diz respeito a alguns instintos de sexualidade de estilo primata, ao cio com fim incestuoso, e então insurgem-se contra a sua universalidade. "Um menininho diz que quer se casar com a mamãe, uma garotinha afirma que quer se casar com o papai... São palavras de crianças, é engraçado, não correspondem à verdade, elas próprias não acreditam nisso!" Ora, todos os estudos da infância mostram-nos que não somente a criança fala por meio de gracejos, mas também que é graças à carnalização desse desejo, que ainda não sabe ser incestuoso, que as crianças constituem o seu corpo em sua totalidade.

O devaneio fantasmático de felicidade conjugal e fecunda com o seu genitor complementar permite-lhe acessar à fala do adulto, à linguagem para outrem, à identificação transitória necessária do seu desejo com a imagem do desejo do rival edipiano. A felicidade esperada da satisfação desse desejo pode ser uma alavanca de adaptação muito positiva, muitas vezes traduzida nos contos de fadas, nas poesias, e, portanto, "sublimada" na cultura. Contudo, além desse lado positivo cultural, o desejo ardente de posse e domínio do objeto parental exprime-se em sentimentos que provocam efeitos de caráter negativo, de extrema violência em família. Muitas garotinhas e menininhos conseguem fazer explodir um lar, frágil talvez, mas que teria sido duradouro sem o ciúme reativo que a mãe desenvolveu em relação à sua criança ou o pai em relação ao filho. Essa dinâmica profunda das pulsões das crianças, que as impele a rivalizar com o genitor de mesmo gênero e a obter benesses do outro, esbarra, no caso de saúde afetiva dos pais, em um muro, uma provação: a inalterabilidade do sentimento e do desejo sexual que os adultos dedicam um ao outro. É que a lei da interdição do incesto não é apenas uma lei imposta, é uma lei interna, endógena em cada ser humano e que, se não respeitada, mutila profundamente o sujeito em suas forças vivas, somáticas ou culturais (é a imagem de um rio que retorna à sua nascente).

Cresce no coração da criança a esperança de chegar um dia à realização do seu voto de amor, a esperança cavilhada, no ventre, de possuir um dia o genitor de sexo complementar, de ser o seu único eleito. Essa esperança dá valor a seu pequeno mundo familiar e valor a longo prazo, na esperança de gerar um dia, em si mesma, filhos do ser que ama ou de dar-lhe um filho, e é preciso que, ao chegar aos 7 anos, ela renuncie a tudo o que a fez crescer, a tudo o que valorizava as suas experiências, é preciso que a criança sacrifique, ou ao menos que esqueça o prazer dedicado ao seu amado. Se a ele não renuncia, produz-se quer um abalo considerável, quer um bloqueio maciço na evolução dessa criança, perturbação irremediável sem uma análise. Quer a dissimulação parta da criança ou dos próprios pais, finge-se que suas pulsões não existem, trata-se a criança como um animal doméstico, ela própria faz dengos para agradar aos pais ou os evita, culpada de exprimir-se gestual ou verbalmente mediante observações ou juízos colhidos fora do lar familiar. Instável ou excessivamente submissa quando em família, ela não se constrói em relação à vida complexa dos companheiros de sua faixa etária, não se constrói em relação ao seu corpo, pode ser muito estudiosa, ter um alto grau de psitacismo escolar, mas, de qualquer forma, é, para a sua idade, uma impotente sexual. A sua comunicação é bloqueada, a sua imaginação continua a ser a de uma criança em vista desse amor incestuoso inconsciente, vale dizer, se a criança quer ignorar seja o seu próprio desejo, seja a lei que lhe proíbe para sempre o acesso a ele, o resto da adaptação aparente que ela pode parecer conservar não passa de uma fachada frágil. Impotente sexual – ou seja, impotente na sua criatividade –, ela desmorona diante da primeira provação da realidade.

Se o domínio consciente da lei que rege a paternidade e as relações familiares não é adquirido, o que se vê pela ausência de noção clara dos termos que as significam, as emoções e os atos desse sujeito estão fadados à confusão, e a sua pessoa à desordem e ao fracasso. A sua moral permanece referenciada à época pré-genital infantil, na qual o bem e o mal dependiam do dizível ou do não indizível à mamãe ou ao papai, do que o "não-visto-não era tirado"; o "parecer" para "agradar" ou "não desagradar" é o único critério da sua moral. A delinquência é "inocente", irresponsável, pois a sobrevivência dos desejos incestuosos latentes justifica os papéis imaginários em que ela consegue fazer a sua própria lei na sociedade. Não resolvidos por volta dos 7 anos, os conflitos edipianos serão reativados com o impulso fisiológico pubertário, provocando a culpabilidade e a vergonha diante dos caracteres sexuais secundários visíveis. O Édipo reaparece intenso, desarrumando o equilíbrio mantido desde os 7 anos. Se o Édipo não está verdadeiramente resolvido por volta dos 13 anos, há que se prever gravíssimos distúrbios dos 18 anos em diante, quando a opção pela vida genital e as emoções do amor deveriam orgulhosamente ser assumidos e procurar socializar-se em ambiente multifacetado.

Que é, pois, essa resolução edipiana, esse termo que se vê sempre nos textos psicanalíticos e que interpretamos como sendo a chave de um êxito ou, ao contrário, de certa morbidez nos seres humanos? Trata-se de uma aceitação dessa lei do interdito do incesto, de uma renúncia ao desejo do corpo a corpo genital com o progenitor do gênero complementar e à rivalidade sexual com o de mesmo gênero até na via imaginária. Essa aceitação, que coincide, aliás, com a fase da queda dos dentes, é também, de fato, uma aceitação do luto da vida imaginária da infância protegida, ignorante, dita inocente; é também uma eventual aceitação da morte possível dos pais, sem culpa mágica ao pensar nisso. No caso em que o casal de pais é equilibrado, quero dizer, composto de dois indivíduos psicológica e sexualmente sadios, mesmo e talvez sobretudo se eles não têm qualquer noção consciente de psicologia e de Psicanálise, tudo se põe nos eixos nas pulsões da criança. Os pesadelos ou as cenas de comportamento opositor ou de ciúme amoroso – que traduzem o período crítico dos 7 anos – cessam, e já não existem esses pequenos sintomas que marcam a vida de todas as crianças em torno desse momento crítico. A criança, quando as circunstâncias são favoráveis, passa a desinteressar-se de maneira muito cortês, mas claramente, pelo efeito que produz no pai, na mãe, a desinteressar-se pela vida íntima deles, que, até o momento em que ela lhe conheceu o sentido (que é confirmado pelo seu nascimento e pelo nascimento dos irmãos), aguçava a sua curiosidade. Ela é muito mais sensível às condições sociais que a sua filiação lhe proporciona, mais ocupada em observar os seus pais na sua vida social aparente, com os seus relacionamentos, e transpõe um pouco para a relação com seus colegas preferidos o estilo de companheirismo que os pais mantêm com os amigos. Interessa-se cada vez mais, quer o demonstre ou não, pela vida das crianças da sua idade, pela sua escolaridade, por ocupações que lhe são pessoais, e abandona o modo de vida em que centraliza tudo no juízo que faziam os adultos, tanto em casa quanto no mundo exterior. De fato, a resolução do complexo de Édipo aparece de forma indireta quando a criança, deixando de apresentar problemas no lar, é capaz de deslocar a situação emocional trinitária para transferi-la para o mundo ambiente, para a escola e para as atividades lúdicas; entre inúmeros colegas, ela pode fazer dois ou três amigos verdadeiros, amizades ainda suscetíveis a desilusões desafiadoras. Em contrapartida, a criança que não resolveu o Édipo permanece muito dominada pela ambiência emocional da sua relação com a mãe ou com o pai. Com os seus raros companheiros, o sujeito repete situações a dois ou se envolve em brigas nas relações de grupo, por crises de ciúmes de estilo homossexual, idêntico ao ciúme edipiano ainda presente que lhe corrói o coração.

Um notável fenômeno sociológico da nossa época é que, ao contrário do interdito do canibalismo, que é conscientemente conhecido de todos, o interdito do incesto entre irmãos está conceitualmente desaparecido para muitas crianças, e eu me deparei com vários casos em que, aos 12 anos, o mesmo ocorria com o interdito do incesto da criança com os genitores. As causas sociais desse fato mereciam ser estudadas. Os danos dessa ausência de lei decretada são consideráveis, pois a intuição do perigo psicogênico do interdito em nossas cidades é varrida por perigos reais de violência ou de chantagem oriundos do pai provocador, perverso, investido de todo poder pela criança, e pelo meio circundante amedrontado ou ingênuo que condena a não submissão cega ao pai abusivo perverso. Confirmando a universalidade no inconsciente do complexo de castração, a clínica mostra que sempre que há uma ignorância consciente do interdito do incesto, graves distúrbios afetivos e mentais ocorrem em todos os membros da família. Mais uma vez, não se trata de hereditariedade fatal, visto que a psicoterapia psicanalítica, melhor ainda, uma psicanálise, permite ao sujeito, finalmente, explicitar e resolver o seu Édipo.

Voltemos à situação trinitária pai-mãe-filho e seu papel determinante na evolução psicológica. Cada ser humano é marcado pela relação real que tem com o pai e a mãe, do *a priori* simbólico que herda no instante do seu nascimento, antes mesmo de ter aberto os olhos. Dessa maneira, tal criança é esperada como devendo ultrapassar os sentimentos de inferioridade de seu pai, que permaneceu como o menininho inconformado por não ter nascido em um corpo de menina, produtor de algo que vive nela, como ele viveu em sua mãe. Tal filha é esperada como devendo ajudar sua mãe a recuperar a relação simbiótica de dependência para com a própria mãe, da qual se libertou com muitas dificuldades, e a ultrapassar a sensação de abandono que experimenta com um marido que lhe permanece alheio. Essa criança, necessária a seu pai, necessária à sua mãe, já está estabelecida – se me é lícita a expressão, do ponto de vista simbólico – na sua força de desenvolvimento. Em suma, cada criança está marcada por essa situação real. Mas, pode-se argumentar que existem crianças que não têm pai, ou, pelo menos, não o conhecem; pois bem, se essa é a situação delas, é *a partir* dessa situação que elas se construirão, contanto que as palavras que lhes são ditas pelo meio social sejam as palavras justas referentes a essa ausência de representante, vivendo ao lado deles, da pessoa paterna ou da pessoa materna. Entre os exemplos dados por Maud Mannoni e entre muitos outros em que penso, o papel desestruturante ou inibidor de desenvolvimento não se prende à ausência dos pais (essa ausência é sempre dolorosa – mas a sua presença também pode ser; em todo o caso, toda dor pode ser sadia quando reconhecida, pois a criança pode estruturar suas defesas compensatórias). Todas as palavras neurotizantes vêm das mentiras que impedem os fatos reais de sustentarem os frutos da aceitação, a partir da situação real.

Cada ser humano possui, em consequência de sua própria existência encarnada, uma imagem do homem e da mulher complementares; ele molda essa imagem, por meio dos pais que o criam, e é por causa desse empréstimo imaginário a pessoas reais que ele vai se desenvolver, identificando-se com elas segundo as possibilidades do seu patrimônio genético.

Elas são, ao mesmo tempo, portadoras da sua aspiração imaginária, seja identificatória se é o genitor do mesmo gênero, seja complementar se é o do outro gênero; ora, as emoções relativas a essa imagem, que não podem ser expressas à pessoa real portadora dessa imagem, falsearão a imagem pessoal do sujeito e pode-se chegar a situações paradoxais de uma criança que se constrói de maneira invertida, ou totalmente neutra, reprimindo histericamente a sua vitalidade genital, por exemplo, quando a mãe porta a imagem paterna; e o pai, a imagem materna.

O importante não é isso; o importante é que as palavras que correspondem à experiência da criança raramente são pronunciadas pelo seu meio social, testemunha, como ela, dessa situação. A crítica que ela poderia fazer disso em torno dos 10 anos torna-se impossível, e ela vive, e constrói a si própria, sem o perceber, de maneira caótica, carnalizando-se no período pré-edipiano de uma forma que prepara, no momento do desinvestimento relativo libidinal aos 7 anos, um período de latência neutro, de pseudocastração que, sem uma análise, a conduzirá a procurar na puberdade uma fixação a uma opção de complemento ulterior extrafamiliar, em um estilo quer invertido, quer indeciso, a pessoas que não serão inteiramente complementares da sua verdadeira natureza genital, a qual permaneceu confusa. Ela arrisca-se muito a escolher pessoas que – à imagem das que a criaram – são caoticamente polarizadas e sobretudo, apenas em parte, genitalizadas. São tais crianças que se tornam pais abusivos, pois o seu Édipo mal- resolvido as deixou sedentas de uma libido com pulsões indiferenciadas que vão retornar em uma união simbiótica, artificial com relação ao filho, ou com a reativação do Édipo, ou seja, vão se mostrar de tal modo ciumentos da ligação do filho com seu cônjuge, a ponto de provocar sintomas graves. A criança necessita, nesse momento, da solidez do casal parental para que os seus fantasmas de triunfo edipiano fracassem diante da realidade, pois, do contrário, corre o risco de ficar mais seriamente enferma do que o pai ou a mãe.

Releia essas observações nas entrelinhas e entenderá: "Meu marido nada tem de homem, nem de pai, cumpre então que eu seja tudo" ou "Ah! Eu queria tanto que o meu filho se parecesse com meu pai" ou "que não fosse igualzinho ao pai" ou então "Sem a minha irmã eu não posso viver", "Quero que a minha filha seja que nem a minha irmã, ela deve substituí-la" ou ainda "Eu, que ocupei o lugar de um irmãozinho que nasceu morto antes de mim, e cujo nome ostento, não posso saber tomar o lugar dele, nunca sei o que dizer ou o que fazer. Acaso o matei? Quem nasceu? Quem sou eu? Sendo um semimorto, tenho semidireitos" ou ainda "Esse filho não quero, revejo nele o meu odiado irmão". Outra: "Mamãe é tão infeliz com papai que tenho de ser o seu bebê para consolá-la, o seu bebê do tempo em que ela e papai se amavam, e depois ela tem tanta necessidade de se dedicar... É preciso então que eu esteja doente, pois, do contrário, para que ela permaneceria em casa... E depois, como eu sou quase marido dela, é a mim que ela ama e eu não quero ninguém entre mamãe e mim."

Cada caso patológico é a pantomima de um discurso não verbalizado que significa a afirmação ou a anulação da dinâmica do sujeito que nos trouxeram ao consultório. As descobertas clínicas psicanalíticas impõem a compreensão dinâmica dos distúrbios infantis pela análise das dificuldades encadeadas que remontam às carências, na estruturação edipiana, não dos pais, mas dos avós e, às vezes, dos bisavós. Não se trata de hereditariedade (senão uma análise não modificaria as coisas), mas de uma neurose familiar (retirando desse termo qualquer significado pejorativo, para preservar apenas o seu sentido dinâmico). Trata-se de uma questão de imaturidade libidinal, de regressões ou perversões sexuais em decorrência de uma deficiência na cadeia das resoluções edipianas não realizadas.

Este livro pode comunicar aos leitores novas preocupações, fazendo com que vejam progressos onde pensavam haver um destino fatal? Isso não é impossível e seria lamentável, pois, infelizmente, as preocupações a respeito de si mesmo produzem sem demora o sentimento de culpa e a procura de receitas rápidas para fazer tudo no sentido de modificar as aparências. Muitas famílias vivem em um estado de simbiose mórbida. Sem o processo de análise do membro indutor dominante, a neurose familiar não é modificável. Ora, com frequência, a análise ainda é inacessível (tempo, lugar, dinheiro). Pode-se temer que livros que se dirigem a todos despertem reações imprevistas. É sempre o perigo que se deve recear quando se fala de análise; no entanto, é necessário que o público desperte para esses problemas. Entre os exemplos citados, pai ciumento ou indiferente, mãe que rejeita ou despótica, casal mórbido prisioneiro de um *nonsense*, um antepassado com o papel por demais respeitado, abusivo e pervertido, todos vão talvez reconhecer o seu retrato e sofrer inutilmente com uma situação de fato sobre a qual não haviam refletido. Talvez se sintam culpados, enquanto não passam, também eles, de responsáveis ocasionais, da mesma forma que o condutor de um carro que teve o seu curso desviado pelo estouro de um pneu ou pelo choque com outro veículo. "Os pais comeram as uvas verdes e por isso os filhos ficaram com os dentes embotados." Essa frase ilustra quase todas as histórias clínicas deste livro.

Essa frase deve, aliás, ser entendida não no sentido de "é culpa dos pais", ou deste, ou daquele, mas no verdadeiro significado, que é o fato de os pais e os filhos de tenra idade estarem dinamicamente envolvidos, indissociados pelas suas ressonâncias libidinais inconscientes.

A aprendizagem da liberdade em família e o uso que se deve fazer dela são um longo e solitário exercício de coragem. Os próprios adultos são, com mais frequência do que se crê, impelidos, ainda na idade adulta, na direção de relações contraditórias ou complementares (imaginárias ou reais) pela sua fixação e pela sua dependência em relação à geração anterior, aos seus próprios pais. Não existe falha, mas fato.

A Psicanálise ensina-nos que todo ato, mesmo nefasto, é solidário de um conjunto vivo e que, mesmo lastimável, um ato ou um comportamento pode servir de forma positiva para quem saiba dele tirar experiência. Infelizmente, em cada um de nós, o sentimento de culpa é fundamental, provocando as inibições e barrando o acesso ao único ato libertador, o acesso a uma fala verdadeira a quem é capaz de ouvi-la. Espero que o livro de Maud Mannoni possa dar um testemunho tranquilizador a respeito desse ponto.

VII. A sociedade (a escola). O seu papel patogênico ou profilático

Que me seja permitido desejar que os psicanalistas clínicos só tenham de tratar dos casos que, com efeito, decorram das desordens profundas da vida simbólica anteriores aos 4 anos e não dessas dificuldades reacionais sadias à vida escolar atualmente efetivamente patogênica. Refiro-me às reações ou crises sadias de comportamento de um sujeito ocupado em resolver dificuldades reais necessárias à sua vida emocional, pessoal e familiar e que, momentaneamente, se desinteressou por seu papel de aluno. O drama para as crianças, em nosso país e em nosso sistema, provém do estilo de instrução passiva, dos horários e programas obsessivos e que de modo algum deixam a cada qual uma margem de acesso à cultura. As lições e os deveres, esquecemo-nos disto com demasiada frequência, são meios e não fins em si mesmos.

Prefácio xxxix

Quantos adultos, ajustados e criativos, não passaram, durante a infância, por períodos em que a sua escolaridade não lhes interessava de forma alguma, enquanto o seu espírito desperto seguia momentaneamente outro caminho que, para sua criatividade e o seu devir social, significava que a sua liberdade já se engajava? Quantos distúrbios sérios de conduta seriam evitados se a aprendizagem dos signos que permite a comunicação cultural, a leitura e a escrita, e depois a aprendizagem das combinações aritméticas, só viessem depois da conquista e do desabrochar da linguagem veicular falada e da motricidade lúdica livre, totalmente dominada? As forças caudinas* das passagens a uma série mais adiantada, baseadas em conhecimentos aprendidos e em uma idade oficial, que interferem um no outro, são as mais absurdas condições de vida impostas à expressão do eu.

Ora, essa expressão é aprovada pelo ser humano como uma exigência vital. Quantas energias sufocadas ou desperdiçadas inutilmente e que poderiam ser deixadas em liberdade, com um sistema escolar que confirmasse, em vez de invalidar, o livre acesso às iniciativas e às curiosidades inteligentes dos futuros cidadãos, que os formasse para um domínio para eles mesmos, em cada instante carregado de sentido, das suas capacidades, a uma ordenação por e para eles mesmos de conhecimentos e técnicas adquiridos por desejo, e não por obrigação ou por submissão perversa ao medo das sanções e a imperativos impessoais.

Peço que os jovens franceses não sejam mais escravos de programas impessoais impostos e artificialmente paralelos: tal nível para o cálculo correspondendo a tal nível para a gramática. Peço

---

*Nota da Revisora Técnica: Expressão que faz referência à Batalha das Forcas Caudinas, em 321 a.C., durante a Segunda Guerra Samnita. Não houve combate, porque os romanos foram emboscados e forçados a uma rendição humilhante. Passar pela "força (desfiladeiro) caudina (Caudio – antiga cidade Samnita)" significa ser humilhado.

que o ensino da gramática francesa não se dê antes do uso perfeitamente adquirido da língua na expressão pessoal. Que a criança não veja sempre o seu ritmo de interesse contrariado por causa das limitações do tempo consagrado a tal disciplina ou a tal tema de ensino. Que é feito agora da introdução à música, à dança, à escultura, à pintura, à poesia? Que é feito da iniciação à habilidade e à harmonia das expressões corporais criativas? A ginástica também está programada e o desenvolvimento dos movimentos obedece a imperativos de desempenhos calculados. Que é feito da introdução ao sentido das artes plásticas? Onde está a introdução ao sentido estético da expressão gráfica ou verbal? Onde estão as palestras em que cada um fala, escutado pelo grupo, do que lhe interessa, interessando os outros e aí tomando consciência da sua inserção social pessoal? Em quantas classes, se as crianças tivessem permissão para sair quando desejassem, ficariam sentadas em silêncio durante uma hora, escutando ou fingindo escutar? É aí que se falseia o sentido da verdade do sujeito em sociedade, e é também onde as energias formidáveis que uma criança pode desenvolver pela sua cultura e instrução, se as suas motivações a animam, são praticamente sufocadas, em nome do bem dos outros, para serem teoricamente dirigidas, enquanto nada sustenta a fonte das motivações, nem a originalidade do sujeito em busca da sua alegria. O desejo não se comanda. O grave é que, se atualmente, as crianças aceitam cada vez menos essa mentira mutiladora das suas forças vivas e vão engrossar as categorias de disléxicos, dos discalcúlicos e dos com atraso intelectual; são então os pais que, por angústia do "futuro", querem impor o flagelo dos deveres obrigatórios, das lições absorvidas, vangloriam-se das boas colocações da criança, sentem-se deprimidos com as suas notas baixas. Diante dos boletins que devem ser assinados todos os sábados, sentem-se como se fossem conferir o cartão da loteria esportiva! Esse desejo dos pais, imposto em nome da sociedade (a escola é a sociedade, o para além do familiar edipiano), impede a libertação libidinal dos pais em relação aos seus filhos, e vice-versa, agravando assim o esgotamento na fonte das possibilidades culturais verdadeiras.

Por que o nosso sistema de iniciação do cidadão à cultura e à vida social – o nosso sistema escolar – obedece a métodos e a imperativos totalmente estranhos à higiene afetiva e mental dos seres humanos? Por que motivo crianças que chegam sãs de corpo e de espírito à escola maternal com 3 anos – há muitas nesse caso – são com tanta frequência traumatizadas e tantas vezes empobrecidas da espontaneidade criadora, que é o essencial do ser humano, para se verem fantasiadas de robôs disciplinados e tristes, amedrontadas diante dos professores que deveriam lhes prestar serviço?[3]

Por que, ainda alegres e comunicativas aos 6 anos (há muitas assim), deve a "turma" obrigá-las a calar-se, a ficar sentadas imóveis como coisas ou animais amestrados e sobretudo ensinar-lhes à força, em nome de um programa, o que elas ainda não tiveram desejo de conhecer, a leitura, a escrita, o cálculo? Por que devem solicitar a um adulto autorização para se isolar, se ausentar para satisfazer necessidades naturais que, bem sabemos, elas adiariam por iniciativa própria se a tarefa em que estão ocupadas em classe lhes interessasse? Por que o sentimento do valor intangível da pessoa humana ali presente, original e livre, em cada criança, respeitada em si própria independentemente do seu potencial familiar, não é o móvel das menores atitudes do professor em relação a cada um, e, pelo exemplo assim dado, inculcado em todos?

Por que a escola não é para todas as crianças o lugar de alegria e o refúgio onde ela encontra repouso para as tensões familiares, a confiança em si, um meio social vivo, uma ocupação atraente? Com ou sem pais perturbados, a partir dos 7 anos, o lugar da

---

[3]Essas reflexões sobre o ensino, cujo propósito ultrapassa amplamente o estudo de Maud Mannoni, exprimem a opinião pessoal de Françoise Dolto. Essa opinião sem dúvida não será compartilhada por todos os educadores, mas as convicções em que ela se baseia merecem decerto alguma reflexão (Colette Audry).

criança já não é na família, mas na sociedade, na escola, lugar não privilegiado, mas respeitado pelo simples fato de que ela é um cidadão. Cada um dos responsáveis pela administração da escola deveria estar a serviço de cada criança, e cada criança deveria senti-lo, se for desejado que, em seguida, ela deseje livremente assumir, por sua vez, o seu justo lugar criador, segundo as suas capacidades, na sociedade.

O que se vê? Não crianças escolhidas na escola, mas crianças submetidas às engrenagens anônimas de uma máquina administrativa. A disciplina, segundo se diz, é a força dos exércitos, pois cada qual nele deve ser desresponsabilizado pela morte que causar, mediador anônimo que é do instinto de defesa de um grupo nacional, submetido a uma hierarquia de comando, alienado por contrato no seu chefe, a fim de que possa ser preservada em cada um a hierarquia estruturada para dar a vida e não para tomá-la.

No entanto, a disciplina na escola somente pode vir de cada criança e do simples fato de que ela focaliza melhor os seus desejos no que ela própria pretende aprender, e apenas nesse caso. A disciplina pela disciplina é absurda; quanto à disciplina imposta por um chefe para não perturbar a atividade dos outros, instaura a passividade estéril na categoria de valor. Só resta ver como uma criança pode se abstrair e brincar sozinha com alguma coisa que a cative em meio à maior desordem e ao maior barulho para perceber prontamente que esses "outros" que têm de ser protegidos podem, com proveito, ser ensinados e abstrair-se tanto na escola como nos seus jogos. Aqueles que ainda não conseguem focalizar os seus interesses na aula não seriam desviados destes como o são por uma disciplina mortífera. De fato, a escolarização obrigatória é um decreto engenhoso que poderia, para todas as crianças saudáveis, a partir dos 3 anos, mantê-las criativas e libertá-las das suas provações edipianas, sustentando as suas capacidades de sublimação no dia a dia, sustentando os seus intercâmbios com o grupo e o seu acesso à cultura; não obstante, essa escolarização obrigatória tornou-se uma tarefa de desritmagem, de competição exibicionista de mutilados bem ou mal compensados.

A adaptação escolar é agora, à parte raríssimas exceções, um sintoma maior de neurose. Isso não quer dizer que a inadaptação seja, por si só, um sinal de saúde, mas, atualmente, é entre as crianças e os jovens que se enquadram nessa categoria que encontramos, infelizmente, os cidadãos mais relevantes. Permanecerão eles muito tempo assim se a introdução à cultura não lhes for oferecida pela sociedade dos adultos?

Os instintos sadiamente humanos dos jovens, libertos por si mesmos da obediência parental ultrapassada e desviados do entusiasmo de chegar à cultura, só podem comprometê-los em um gregarismo pulsional fora dos limites. Como assegurar a substituição dos antigos, que, por não os respeitarem, acabam por lhes impor o desrespeito por si próprios e pela sua imagem futura? Nos meios abastados, o poder aquisitivo devolvido pelos pais permite o acesso às distrações mais ou menos dispendiosas em que muitos adquirem valor cultural, muito afortunadamente. Nos meios intelectuais, os valores culturais representados pelas trocas extraescolares com o meio circundante servem ainda de compensação, salvo nos casos de neurose parental, à carência cultural escolar. Contudo, nos meios de trabalhadores braçais, de comerciantes, de funcionários públicos, o que podem fazer das suas energias nas folgas, rapazes e moças até os 16 anos obrigados pela lei a uma escolaridade para eles sem interesse, à margem das trocas que os valorizariam? Como se integrar em uma sociedade que os censura abertamente por não terem apreciado os bancos escolares, os conhecimentos livrescos, as lenga-lengas impessoais dos mestres, a disciplina passiva e os jogos sem riscos?

Se me pode ser permitido falar assim no prefácio de um livro tão notável, que sublinha e ilustra o papel do psicanalista, é porque a nossa prática nos convida a constatar diariamente efeitos neurotizantes da vida escolar sobre crianças que tiveram uma sadia estrutura pessoal em família e um Édipo sadiamente vivido. As bases da sua vida simbólica são ordenadas, e é à sua criatividade de rapazes ou moças chegados ao estágio da vida social que não logra ser empregada, com as desordens secundárias provocadas pela escola, que os levam aos psicanalistas, desordens às vezes graves, por causa da angústia reativa de seus pais.

Se lanço esse grito de alerta é porque estou convencida do poder emocional da vida em grupo no meio cultural, quando o grupo responde efetivamente ao desejo de criatividade e de fecundidade simbólica nas trocas inter-humanas de que uma criança é capaz, dos 7 anos em diante, enquanto a estrutura da sua personalidade é concluída no meio parental. Também estou convencida, e tive provas disso em certos casos privilegiados, do poder reparador que poderia ter em numerosos casos a vida em grupo dos 2 anos e meio aos 7 para a criança submetida em família a influências mórbidas parentais, e isso sem que ela tenha de deixar o seu meio inicial. Contudo, para isso é preciso que a escola dita maternal corresponda à sua denominação e sirva de prótese às imagos sadias das crianças que – em família – só encontrem apoios falhos...

É inadmissível que crianças de 2 anos e meio, cujas mães não podem colocar em contato diário com outras crianças fora da família, não sejam admitidas no grupo social escolar porque são demasiado jovens ou porque, seja qual for a sua idade, não adquiriram o controle esfincteriano, enquanto a não obtenção do controle corporal nessa idade é o sinal patente de relações perturbadas da criança à sua mãe, no meio familiar. É inadmissível que crianças que não falem aos 3 anos, ou que não ouçam, tenham sido recusadas ao livre ingresso em grupo escolar regular antes da idade de instrução, as quais, de fato, necessitarão de métodos especiais. É inadmissível que toda criança deva ser submetida à instrução dos signos a partir de 6 anos, quando ainda não está aparelhada para isso, nem deseja fazê-lo. É inadmissível que as turmas ditas de aperfeiçoamento, com métodos individualizados, só possam aceitar os inadaptados para a instrução antes dos 8 anos, enquanto dois dos mais importantes anos foram perdidos para o desenvolvimento verbal e psicomotor, considerando também que o sentimento de não se haver integrado ao grupo devastou o coração dessa criança, frequentemente mais sensível e mais vulnerável do que a criança dita "inteligente". A aquisição da autonomia torna-se impossível para a criança triturada nas engrenagens da escola e diante do casal formado pelos pais. A libertação libidinal da dependência dos adultos, que estimula a atração das crianças para a sociedade, é bloqueada, pois os professores se confundem com os pais. Agradar-lhes, não lhes desagradar, sair-se bem para eles, e não para si próprio – quer o saibam, quer não – e sem motivação pessoal, é perversamente incutido nos jovens antes e no curso da adolescência.

O interesse compartilhado com pais e professores por uma disciplina cultural e o entusiasmo coletivo pelas letras, pelas matemáticas, pelas ciências só se verificam em horários insanos; é o conformismo psitácico eficiente, recurso perverso de promoção social proposto a todos. Não basta aplicar vacinas contra as doenças do corpo, cumpre pensar em vacinar a criança contra o desespero e a angústia solitária, em vez de deixá-la afundar-se nas areias movediças, entregue aos seus instintos.

Se o papel do psicanalista é permitir a um sujeito neurótico ou adoecido psiquicamente encontrar o seu sentido, é também seu papel dar um grito de alerta diante da falência pública educacional, dos métodos e instituições escolares frequentemente patogênicos, em face das falhas e do papel adoecedor individual de muitos pais, do mundo dito civilizado. A civilização é um estado que só se mantém pelo valor de cada um dos seus membros e pelo intercâmbio criativo entre eles. Não é necessário que o preço da civilização seja a existência de psicoses e neuroses devastadoras cada vez mais precoces.

Um imenso trabalho de profilaxia mental deve organizar-se, e isso não é função dos psicanalistas clínicos; esse trabalho, porém, não pode organizar-se sem a nova luz que a Psicanálise traz para o mundo civilizado. O que se poderia fazer a partir da idade imposta (não antes dos 7 anos, e variável para cada indivíduo) na possibilidade de acesso à cultura, para abrir o caminho à expressão autêntica dos desejos das crianças, desde a frequência escolar, permitindo que elas adquiram consciência do seu valor pessoal, inseparável do valor de pertencimento a um grupo inteiro, permitindo que elas se expressem, que troquem com os seus pares os seus desejos e os seus projetos de aprendizagem, que exponham os seus juízos sobre a sua escola, os professores, os próximos, os pais e que se autorizem o acesso à instrução particularmente motivada? Uma expressão assumida com confiança nas entrevistas livres leva consigo uma consciência de si e do outro.

Por que cada escola não teria um ou vários psicólogos, sem nenhum poder executivo, nem legislativo, a serviço exclusivo das entrevistas livres solicitadas pelos próprios alunos, desejosos de exprimir as suas esperanças, as suas provações, as suas dúvidas e certos de se sentirem ouvidos, compreendidos e defendidos, sem angústia a respeito do interlocutor e sem cumplicidade, para buscarem, por elas mesmas, a solução das suas dificuldades?

Falta também à escola – para compensar a carência educativa do exemplo recebido em família – a instrução de formação social.

Quero dizer que as crianças civilizadas nunca ouvem da boca do seu mestre, e nunca os seus pais lhe disseram, por desconhecimento ou por não julgar bom dizer-lhe, a formulação das leis naturais que regem a espécie humana: as leis da paternidade e da maternidade legais, as leis que regem os instintos naturais e o seu estabelecimento em sociedade, a proibição do canibalismo, do roubo, do homicídio, do estupro e do adultério. Ora, elas estão mergulhadas em uma sociedade em que, com exceção do canibalismo, todos esses comportamentos delinquentes são propostos à sua observação.

Ninguém lhes diz a lei, os direitos e os deveres que os pais têm em relação a elas nem aqueles que têm em relação a si próprias e aos pais. Se interrogarmos qualquer criança de 12 anos, perceberemos que ela crê estar desprovida de direitos cívicos e à mercê de todas as chantagens de amor ou de abandono, enquanto o legislador formulou não somente uma declaração dos direitos do Homem, mas também uma declaração dos direitos da Criança. Quantas crianças conhecem o recurso que podem legalmente pedir à lei, diante de pais absurdos ou que abusam dos seus direitos como maus professores? Existe aí todo um terreno que parece revolucionário e que efetivamente o é, mas que é imposto, pelo agravamento dos distúrbios da adaptação social precoce e pelo sentimento pungente, àqueles que são submetidos aos imperativos legais de uma vida escolar absurda, longe das realidades que seriam consideradas por um cidadão de 7 a 15 anos como merecedoras do empenho de seu tempo e de sua coragem, do sacrifício de seu gênio criativo de filho de homens, de pobres homens ditos civilizados que não sabem respeitar a vida por eles gerada, não sabem abrir as vias do acesso à verdade às gerações que lhes sobreviverão.

Que este livro de Maud Mannoni desperte o leitor para esses graves problemas!

Françoise Dolto

Prólogo

Reproduzo aqui algumas notas sucintas, tomadas ao término da primeira *consulta*.

Elas resumem, em sua própria aridez, uma situação.

Quem são, pois, essas crianças cujos pais vêm consultar-me sobre problemas que vão desde dificuldades escolares comuns até manifestações psicóticas?

Crianças difíceis, crianças alienadas, crianças em perigo moral, crianças refratárias a qualquer tratamento médico – quem são vocês, quem são seus pais?

Leitor, siga-me; este mundo também é seu.

***

A entrada dos pais com a criança no consultório do psicanalista em geral é o sinal de que se busca recorrer a um terceiro. Testemunha de acusação, confidente, conselheiro, o psicanalista é igualmente visto como juiz, perseguidor ou salvador supremo. Ele é a pessoa a quem nos dirigimos depois dos fracassos, dos dissabores, das ilusões perdidas, aquele a quem queremos agarrar-nos, mas também aquele de quem queremos servir-nos para fomentar querelas pessoais. Ele é, antes de tudo, o terceiro, e desejamos que tome partido.

A tarefa do psicanalista é não se deixar aprisionar nesses limites. Pela sua presença, ele vai ajudar um sujeito a articular a sua demanda, a constituir-se na sua fala em relação à sua história, para finalmente extrair, a partir de um certo percurso, uma mensagem à qual poderá ser atribuído um sentido. O analista visa mais confrontar a tomada de posição do sujeito, por meio do seu mundo fantasmático, com um sistema que é da ordem do significante, do que a dar um significado a este ou àquele distúrbio. A linguagem desenha um sistema em que as palavras tomam um lugar em determinada ordem. O mesmo acontece com a noção de parentesco: o sujeito se situa em uma linhagem, e o lugar que nela ocupa supõe certa relação com os diferentes termos desse sistema. Um desses termos, o significante Pai, assume aí uma importância que se revela no discurso do sujeito. A palavra Pai se revestirá de um sentido relacionado, por exemplo, com a aceitação ou a recusa de uma ordem estabelecida e rígida, comandada pelo sentido que esse termo já adquiriu na mãe. É em função de incidentes nesse registro que vão se desencadear as formas de neuroses ou de psicoses.

Todo sujeito se acha, portanto, inscrito em uma linhagem, segundo certas leis. A análise nos mostra que a sua relação com essas leis adquire uma significação não só no seu desenvolvimento, mas também no tipo de relação que estabelecerá em seguida com o outro.

Cabe a Jacques Lacan o mérito de ter apurado essas referências essenciais da topologia freudiana. Ele nos permite, assim, entrar de uma forma orientada no universo do paciente. Tenho-me servido de suas referências na minha escuta psicanalítica. Se ressalto a posição de cada sujeito em relação à imagem paterna e à Lei, este não é um contexto normativo e ideológico, antes, recordemos, porque o significante paterno, em relação aos outros significantes, ocupa determinado lugar no inconsciente do sujeito, e as desordens se revelam no que nos é significado no nível do discurso. Se a mãe pode aparecer, nessas linhas, como o único suporte de todos os erros e de todos os crimes, deve-se procurar não entender ao pé da letra, no nível do real, aquilo que

1 O Primeiro Encontro com o Psicanalista

tento, muitas vezes desajeitadamente, identificar como acidentes em uma topologia abstrata. Quer queiramos ou não, estamos inscritos em determinado sistema de parentesco. A história de cada um reflete a maneira como se reage a ela.

A criança trazida até mim está situada em uma família e carrega o peso da história de cada um de seus pais.

Se, nos contos de fadas, todo final feliz se realiza com o casamento e a chegada de numerosos filhos, na vida o desfecho é, às vezes, menos otimista: é uma nova entrada em um sistema, com as suas leis, os seus vínculos, as suas obrigações. A chegada de um filho impõe uma questão para cada um dos pais; desse modo, antes mesmo do seu nascimento, já se desenha para a criança um certo destino.

O primeiro relacionamento da criança se estabelece com a mãe, que é, para ela, esse primeiro *Outro*, no qual o seu próprio discurso vai encontrar um sentido. Essa relação é fundamental e ocupa um lugar definido em um sistema em que o pai aparece, nesse jogo de xadrez, em lugar não menos determinado. A sequência da história nos é dada pela marcha dos peões, pela posição de um em relação ao outro.

As mulheres me censuram às vezes por reduzi-las nos meus escritos a um papel de escrava submissa à Lei do mestre. Todos nós estamos presos em uma certa engrenagem. Para que o mecanismo funcione, cada um deve encontrar-se em determinado lugar. O ser humano se forma por meio das revoltas, das ilusões perdidas, das aspirações desesperadas. Está em movimento no interior de um sistema preexistente ao seu nascimento. Na vida, ele tropeça nas engrenagens políticas, nas exigências do trabalho, nas regras jurídicas e sociais.

– Não há lugar no que dizeis – censuram-me – para a mulher emancipada. Ela está sempre subjugada.

E porventura existe algum lugar para o homem emancipado? Ele também não está sempre sujeito a alguém ou a alguma coisa, ou prestes a estar?

O próprio sentido de cada um não é poder reencontrar-se em uma possibilidade de criação, com os seus dissabores, lutas e desilusões? E, em toda criação – mesmo a mais bem-sucedida –, em toda superação – mesmo a mais afortunada –, não existe sempre uma parte de si mesmo que se sente contida em um espelho, eternamente em busca de uma felicidade sempre fugidia? E o que são, exatamente, a felicidade, o amor e a maternidade?

O ser humano se constitui por meio dessas questões e do seu apoio em esperanças e desesperos. Nem sempre é cômodo ver isso claramente. As páginas que se seguem descrevem, dizia eu, uma *situação*. Veremos, em seguida, como extrair dela um sentido para que o sujeito chegue a significar-se em relação a ela e a si próprio.

Seguindo um método de exposição talvez discutível, vou apurar uma certa dimensão psicanalítica com base em 30 casos de primeira consulta.

O estudo é feito em dois níveis diferentes: no primeiro capítulo, exponho uma situação; no segundo, tento, a partir desses dados, dela *extrair* um sentido. O leitor se encontra diante do seguinte plano:

	A situação	O sentido do sintoma
Dificuldades escolares	pp. 1 a 17	pp. 59 a 65
Dificuldades de comportamento	18 a 38	65 a 71
Reações somáticas	38 a 51	71 a 75
Estados pré-psicóticos e psicóticos	51 a 55	75 a 79

É a partir da apreensão psicanalítica do que se passa em uma primeira consulta que serão discutidos a seguir alguns problemas da atualidade – os testes, o problema escolar –, para propormos, finalmente, a questão: o que se passa durante o primeiro encontro com o psicanalista? E o que está em jogo por ocasião dessa primeira entrevista?

CAPÍTULO 1

A Situação

I. Dificuldades escolares

Ao que parece, uma alta porcentagem das consultas é motivada por "distúrbios escolares".

Se existem dificuldades de aprendizagem de origem puramente pedagógica, também não deixa de ser verdade que esse sintoma encobre, quase sempre, *outra coisa*. É não acolhendo ao pé da letra o pedido dos pais que o psicanalista permitirá que a porta se entreabra para o campo da neurose familiar, dissimulada, fixada no sintoma do qual a criança se torna o suporte.

Em uma primeira etapa, a anamnese com os pais e a entrevista com a criança visam essencialmente a um exame do diagnóstico elaborado e trazido pela família.

A cada vez, impõe-se a mesma questão: o que é então, que não pode ser dito em palavras, mas que se fixa em um sintoma? É a essa investigação que convido o leitor. Nela não chego a qualquer conclusão, apenas proponho um problema.

Caso 1

A Sra. Bernardin[1] vem me consultar a respeito do filho de 11 anos, incapaz de acompanhar uma turma de quarto ano. O menino tem dificuldades, especialmente em cálculo. "E pensar", acrescenta a mãe, "que tenho um irmão engenheiro e um filho assim."

---

[1] Os nomes de família são evidentemente fictícios.

2 O Primeiro Encontro com o Psicanalista

Desde os 4 anos, François é objeto de consultas médicas. A mãe procura saber se ele terá condições de (como o irmão dela) fazer um curso superior.*

Órfã de pai aos 14 anos, a Sra. Bernardin, na infância, sentiu-se em posição de inferioridade em relação aos colegas. De saúde frágil, ela chegara à conclusão, com a mãe, de que os estudos lhe seriam prejudiciais; ficariam reservados ao irmão. Muito nova, atribuíram-lhe o lugar de "jovem dona de casa". "Desde os 14 anos, eu era a dona de casa, enquanto a mamãe trabalhava, e o meu irmão estava estudando."

Ela se casa tarde e permanece no lar materno, sem outra ocupação que não seja cuidar do filho. Sua mãe, depois de abandonar as atividades profissionais, resolve dirigir sozinha o lar.

Quem é o pai de François? "O modelo da virtude", diz-me a mãe; "ele teria dado um padre bondoso e tímido."

O único elemento viril, aparecendo em pano de fundo, é precisamente essa avó, a quem a mãe só vai aludir por ocasião de lapsos, esquecimentos. "Fui criada em um ótimo ambiente nocivo."

"Acrescentei essa palavra porque soa bem com ambiente", adita ela. "Mas isso não tem sentido porque tudo era perfeito."

De fato, a sombra daquela avó paira sobre o casal, que se encontra despojado de toda autonomia. A criança tem um começo de vida difícil. As relações ansiosas mãe-filha criam um conflito em torno da alimentação – conflito ainda mais acentuado porque a Sra. Bernardin se sente observada e criticada por sua própria mãe, convencida "de que ela não sabe o que fazer".

Desde o aparecimento da linguagem, a criança apresenta dificuldade no campo da comunicação. Desenvolve uma

---

*Nota do Tradutor comentada pela Revisora Técnica: Em francês, *Grandes Écoles* são instituições de ensino superior especializadas em áreas de negócios, engenharia, ciências políticas, entre outras. Tais organizações não abrangem a totalidade dos cursos superiores oferecidos.

linguagem própria (*bodô* = aspirador), compreensível apenas para a mãe, que nunca se afasta do menino: "Receamos que lhe aconteça alguma coisa" – diz.

Por outro lado, anoto: interdição de toda liberdade motora e educação rígida no que se refere ao asseio. (A criança fica horas sentada no penico esperando "que tudo aconteça quando tem de acontecer".)

É nesse clima de dependência materna, de não autonomia plena, que a criança vai fazer, com insucesso, as primeiras tentativas escolares. Com insucesso a princípio, pois não tinha nem idade, nem maturidade para uma aquisição escolar. (A alfabetização aos 4 anos atendia antes a um anseio materno do que a um desejo próprio.)

O que ocorre em sua avaliação escolar? – A *leitura* é uma série de contrassensos. Os elementos disléxicos são aparentes, ao passo que a ortografia (adquirida mais tardiamente) é relativamente correta.

Em *cálculo*, o raciocínio é sempre absurdo, e o pânico de não saber é total.

O nível intelectual é normal, mas no discurso da criança não há lugar para o *eu*. Trata-se sempre de *nós*. Esse *nós* é "mamãe e eu".

"É melhor", acrescenta a criança, "não ter sonhos do que ter sonhos ruins". Tudo o que é agressivo é condenado. François prefere colocar-se em segundo plano a desagradar à mãe.

A única profissão vislumbrada é a de engenheiro civil (ou seja, uma espécie de alienação do seu desejo no sonho materno).

O ideal paterno proposto pela mãe ao menino é o *tio materno*.

A imagem do pai parece afastada, não tem importância.

As únicas preocupações reais para a criança são as doenças da mãe: "Mamãe sente cãibra nos pés, nos braços, nas mãos. Fica resfriada, pobre mamãezinha, e eu ainda venho preocupá-la."

O que fazer? – Impõe-se, sem dúvida, uma orientação pedagógica. Mas ela é, de fato, tão urgente? (Pode-se lamentar que a criança não tenha sido examinada antes, pois alguns erros e fracassos talvez tivessem sido evitados.)

De que se trata realmente?

De uma insatisfação da mãe enquanto filha. "Não passo de uma pobre mulherzinha." Essas palavras são pronunciadas pela criança em eco ("pobre mamãezinha") como que para acentuar a sua própria indignidade.

Essa mãe deprimida, o menino jamais pôde satisfazer. Contudo ele se esforça ao menos em ocupá-la com os seus fracassos e com a sua conduta fóbica; conduta essa que aparece, aqui, mais como a expressão do desejo materno do que como a doença própria da criança.

E o pai? Homem resignado, ele me confessa: "Eu me censuro por ter entregado o meu filho às mulheres, mas não podia ficar permanentemente lutando. A vida teria sido um inferno."

Criança-joguete, entregue às mulheres da casa "para que houvesse paz", assim se mostra François.

Enquanto a sua escolaridade é a expressão do devaneio materno e de uma competição entre duas mulheres, a criança só pode, a exemplo do pai, não se preocupar com nada – é a sua maneira de se proteger de conflitos neuróticos sérios.

Uma tentativa de análise é proposta, mas a mãe recua: "Temo que tudo isso venha mudar os nossos hábitos!"

"E o senhor, o que pensa sobre isso?"

"Eu já lhe disse, renunciei há muito tempo. Quero paz, minha mulher é livre."

Livre para fazer o que quiser de uma criança quase não reconhecida pelo pai.

O que pode fazer o analista, a não ser esperar? Se forçarmos aqui uma análise que toque em problemas tão essenciais do casal, correremos o risco de cair em dificuldades de outra ordem.

De imediato, resta ao menos a possibilidade de verbalizar à criança[2] (diante dos pais) a sua situação e o significado dos seus fracassos escolares –um raio de esperança para o menino que se julgava um completo idiota, mas uma ansiedade mal disfarçada na mãe: "Eu vim para que me indicasse uma escola. Sinto que tudo isso vai me fazer ficar doente de novo."

"Não, mamãezinha, eu vou ficar comportado, você vai ver."

Saída do casal e do menino.

Por que, com efeito, mudar o que quer que seja, quando tudo parece estar no seu lugar? Essa é a pergunta que se impõe a mim; eu gostaria de afastá-la. Encorajar esse casal a quê? A adotar uma conduta correspondente à minha ética?

Só posso ficar calada e esperar... Um dia talvez eles voltem e estejam prontos para *ouvir* as palavras da analista.

Caso 2

Victor, 14 anos, é o mais novo de três filhos. Sempre teve dificuldades escolares, mas elas se acentuaram no Ensino Fundamental.

"O mais velho", diz-me a mãe, "é o filho do pai; ele é brilhante". "O último é o filho da mãe", dizem os amigos, "e, infelizmente, eu comecei uma série de coisas, mas sem concluir nenhuma".

A filha é sem problemas e independente. Victor é difícil e julga-se rejeitado pelo pai. "De fato, meu marido identifica-se

---

[2]Explico a François que os seus fracassos não estão vinculados a um déficit intelectual. Têm um sentido na maneira como ele cresceu, protegido contra tudo o que é vivo por uma mãe órfã de pai quando ainda era menina. "Se mamãe tivesse tido um papai, ela teria tido menos medo de que o seu marido se tornasse um papai encolerizado demais. A cólera de papai teria ajudado você a se tornar um homem, em vez de continuar sendo o bebê que tem medo da mamãe."

com o mais velho e sente-se estranho ao outro; ou melhor, o mais novo só lhe lembra os seus complexos; o mais velho o enche de alegria com os seus êxitos."

Victor, apesar de apresentar QI superior à média, fracassa nas provas escolares. Deseja ser brilhante, mas tem grande dificuldade. Rejeita todo e qualquer esforço, não suporta se cansar diante de um exercício. Do seu ódio ao irmão mais velho, conserva em si a imagem de um aluno brilhante. Esforça-se inconscientemente por imitar esse irmão mais velho a quem rejeita e despreza. Desejaria poder interessar ao pai... Mas o empenho, na medida em que não passa de um meio de agradar ao pai, corre o risco de permanecer sem sentido.

Victor imagina que o mundo lhe é hostil; está revoltado com os adultos. O fracasso escolar é sentido como uma injustiça.

Mas será que vale a pena concentrar tudo no fracasso escolar? Não existe porventura outra coisa que apareça?

Graças à sua relação com a mãe, o menino sempre se ajeitou para não ter de passar pela Lei do Pai, a qual ele recusa tanto na competição escolar como nas suas relações humanas. Recusa-se a ser dominado, não tolera que os seus atos sejam discutidos. Proclama ser forte, sem ter de passar pela provação da fragilidade e do não saber.

Não suporta a dúvida e busca uma maneira de atenuá-la.

Aulas de recuperação? Sem dúvida, mas a criança só faz isso desde o 6º ano.

De fato, enquanto não se elabora o significado do bloqueio escolar, toda a reeducação corre o risco de favorecer as defesas[3] da criança e de acentuar assim, curiosamente, as dificuldades

---

[3] Defesas: proteções psíquicas utilizadas pela criança para se proteger de abrir-se à sua verdade. Trata-se aqui sobretudo de atitudes de evitação, aceitas ou sugeridas pelos pais.

ligadas à recusa do sujeito em aceitar as provas e o confronto com os irmãos mais velhos.

Toda ideia de um processo analítico é, no entanto, recusada por Victor. "É um ataque à minha personalidade."

Realmente, ele teme que uma análise provoque a perda dos seus privilégios, deixando-o, assim, desarmado diante da adversidade. Atualmente, quase não há fracasso; o sujeito "se entrega" a fim de evitar qualquer confronto.

Ele procura esgotar todas as orientações educativas, usar de todos os subterfúgios, em vez de envolver-se em sua verdadeira prova, que constituiria para ele uma análise.

Agora a psicanalista só pode esperar. Ela sabe que, por trás do espectro do fracasso escolar, esconde-se toda a insegurança existencial de Victor, expressada na sua revolta, na sua oposição. O seu desenvolvimento sexual de rapaz está mesmo em perigo nessa aventura em que todo confronto com o Outro é sistematicamente evitado, em que todo desejo se fixa em um universo fechado atrás do qual o sujeito se abriga.

Caso 3

A mãe leva ao nosso consultório o filho Nicolas, de 15 anos, que tem um estrondoso declínio escolar. "Quando estou deprimida, eu o ajudo em seus deveres, mas ele não quer mais saber do meu auxílio. O drama é que ele conta com o apoio do pai e sempre me vence quando ele se encontra presente. Ora, para sua informação, o pai de Nicolas é uma criatura fraca, ausente, cansada, inútil."

De fato, o declínio escolar do rapaz é reflexo de um episódio depressivo grave em ambos os pais. A incontinência reapareceu. O sujeito está atormentado pelo pânico nesse ambiente fechado em que os adultos só pensam em se deixar morrer.

8 O Primeiro Encontro com o Psicanalista

Ele passou anos, em vão, cobrindo sua mãe de satisfações. Atualmente, "tudo quebra dentro dela", e a censura que ela formula é a seguinte: "Eu não queria ter filho; receava que isso provocasse a morte de minha irmã."

Quinze anos depois, a sua (brilhante) irmã efetivamente morre, e a mãe não consegue recuperar-se desse luto (expressão inconsciente sobre o plano fantasmático dos desejos infantis de assassinato).

"Minha irmã era inteligente, mas, quanto a mim, eu era a pior em tudo. Quando minha irmã tinha 18/20 anos, eu estava com 12. Meu filho não é como a minha irmã; não amadureceu. Eu tenho o temperamento de papai; eu falhava em tudo, e ela era bem-sucedida. Ela se apoderava dos meus assuntos de conversa. Eu era a menos brilhante."

A morte da irmã põe a mãe em tal estado de culpa que ela já não reconhece mais o direito de viver. "Em casa, é como um cemitério, onde todos estão enterrados vivos."

De fato, Nicolas não abandonou a mãe até a perda da tia, mas a depressão materna, ele não pôde suportar.

Não podendo rejeitar a mãe, é a lição escolar – elo entre eles – que ele rejeita.

A excelente relação com o pai (gravemente adoecido) não é, todavia, o suficiente para que o rapaz tenha confiança nele.

A avaliação intelectual demonstra um resultado muito superior à média, embora apareça no discurso do sujeito uma espécie de "estupidez neurótica". Capturado no mundo materno, Nicolas vive, em eco à mãe, o luto dela. Todo suporte masculino parece faltar-lhe; é como se ele tivesse deixado de viver. Culpado por seus fracassos, ele nada pode fazer por conta própria. Examina uma possibilidade de internato, mas logo acrescenta: "O pretexto para isso não deve ser a tristeza no lar. O que aconteceria com meus pais se eu não estivesse mais lá?"

A Situação 9

Enquanto Nicolas for um objeto de preocupação para os seus pais, eles terão, com efeito, um motivo para apegarem-se à vida.

"Meu marido diz o tempo todo: 'É o fim; vou morrer.' Eu mesma estou em cacos, agarro-me ao filho."

O declínio escolar não é, aqui, mais do que um sinal de alerta, escondendo um risco de depressão em um adolescente angustiado pela atmosfera de morte que paira sobre os vivos.

Somente uma separação do meio patogênico sustentada por uma análise poderá tirá-lo de lá. No caso em questão, o trabalho é possível porque os pais são bastante conscientes do drama para se tratarem e para deixarem que seu filho seja tratado.

Caso 4

Michael tem 19 anos e não consegue ser aprovado no último ano do Ensino Médio, apesar de apresentar nível intelectual superior à média e de ter tido uma escolaridade sem problemas.

Pai e filho se entendem muito mal. O pai desejou que o filho fosse bem-sucedido em uma área em que ele próprio havia fracassado (Engenharia, Medicina). É, então, quando a escolha da carreira corre o risco de tornar-se decisiva que o sujeito, curiosamente, "paralisa".

"Só trabalhei por obrigação. Não sei o que é ter vontade de trabalhar."

Michael sofre por ter decepcionado o pai. "Não posso fazer de outra forma." De fato, ele se sente muito desvalorizado. Só pode relacionar-se com jovens "fracassados". Procura consolo na dança, no prazer e nas meninas fáceis.

Esse rapaz, muito dotado, não pode, de fato, superar o pai. Foi incluído em demasia em seus sonhos para ter a satisfação de realizar o que quer que seja em seu próprio nome.

Deprimido, Michael tem a impressão de haver perdido antecipadamente a partida. Ele *nada deseja*, e é precisamente esse o seu drama. O mundo lhe parece absurdo, "tudo é desprovido de sentido".

Aqui, trata-se menos de orientação escolar do que da necessidade de uma intervenção psicanalítica.[4] A entrevista com o pai permitiu a este reconhecer o valor do filho. Começa a surgir uma esperança de diálogo em lugar do inútil devaneio.

Esse jovem não tardará a encontrar o seu caminho; um dia ele sentiu a necessidade de ser autorizado e reconhecido como um sujeito de valor por esse homem a quem julgava detestar e que, por ser seu pai, encarnava valores essenciais que ele não podia renegar sem renegar a si mesmo.

Caso 5: Recusa escolar

Bernadette, 6 anos, filha única de mãe solteira, um dia, abruptamente, nega-se a ir à escola. "A professora é má", repete a criança entre soluços.

Criada pelos avós, Bernadette tem reações fóbicas quando fica sozinha com a mãe. Habituada à vida no campo, sente-se perdida em Paris.

De inteligência muito superior à média (QI 124), adiantada nos estudos, a criança, porém, apresenta tendência a desenvolver mecanismos disléxicos; as inversões de sons são numerosas.

Os tiques da boca aparecem durante a entrevista. As histórias contadas pela menina giram sempre em torno da imagem de um casal feliz. A falta do pai coloca a menina em risco de ser *devorada*. Toda aprendizagem é recusada, "pois, quando a gente sabe tudo, o que existe no fim é a morte".[5]

---

[4]De uma intervenção psicanalítica, por quê? Para se situar em relação ao mito familiar, descobrir o seu caminho fora de qualquer identificação ou projeção enganadoras.

[5]Esse *saber* evoca de fato o conhecimento inconsciente que essa criança parece ter de uma situação familiar na qual, reconhecida civilmente pelo pai, vive com uma mãe solo, sem nenhuma referência àquele que lhe deu o seu nome, ainda que se recusando a assumir a paternidade. Essa morte que ela evoca nada mais é do que o luto pelo pai ao qual tem de se resignar para não morrer, ela própria, nas suas possibilidades de realização simbólica.

A professora "má", no caso de Bernadette, parece substituir a mãe, sentida como má e perigosa na falta de uma figura paterna protetora. (Até os 6 anos, a criança foi criada na casa de dois avós equilibrados.)

A criança se sente pouco à vontade na relação a dois[6] com a mãe que lhe é apresentada e, na falta de segurança, recusa-se a assumir riscos (riscos escolares, no caso); toma providências para não ter de passar pela Lei.

A intervenção da psicanalista permitiu que a mãe tomasse conhecimento do perigo que a espreita ao capturar a criança em seu mundo fantasmático e permitiu que a criança tomasse consciência da sua agressividade (disfarçada de crise fóbica).

A recuperação escolar foi verificada depois de 1 mês de tratamento (mas nem por isso o tratamento psicanalítico foi interrompido).

É, de fato, importante retirar definitivamente a criança do seu mundo fóbico para permitir-lhe o desenvolvimento da sua autonomia.

O fator escolar, embora tivesse sido a causa da consulta, desapareceu muito depressa diante dos distúrbios que a princípio encobrira. Podemos até dizer que a criança teve a inusitada sorte de ter sido analisada a tempo de poder, graças à psicanálise, superar a dislexia reativa que estava em via de se formar.

Quanto ao problema da morte, a criança o formulou no início do tratamento. De fato, ainda é necessário que ela possa enfrentá-lo e elaborar, ao mesmo tempo, o luto de uma imagem paterna estruturante. (O que colocou essa criança em perigo foi

---

[6]Relação a dois: a mãe solteira não pode criar para si uma vida pessoal nem dar a si própria interesses culturais ou profissionais suficientemente autênticos, que poderiam tê-la protegido do perigo de transformar a sua filha em centro único de interesse, isto é, em lugar de angústia.

ter uma mãe não interditada pela Lei do Pai.* Na imaginação de Bernadette, esse era o risco: "poder fazer não importa o quê." É o que os seus sonhos *de ser devorada* traduziam perigosamente.)

Caso 6: Declínio escolar

Martine, criança inteligente, tem um declínio escolar abrupto ao cursar o 8º ano. É a mais velha de duas meninas (a caçula, brilhante, satisfaz as ambições do pai), Martine só pensa em esportes. De fato, inconscientemente, ela parece tomar o partido da mãe contra o marido: "Meu marido é um velho chato. Que ideia ter casado com um cara assim" – diz a menina.

Filha preferida da mãe, Martine se alia a ela contra o pai, descrito como "carrasco". Somente no fim da consulta é que a mãe, aos prantos, fala-me de sua filha: "Ela faz tudo para irritar o pai."

Intelectualmente dotada, a criança, durante a entrevista, repete o discurso da mãe. "Meu pai é tóxico, está sempre gritando, nada lhe importa, exceto o trabalho e, evidentemente, só a minha irmã lhe interessa."

O ciúme de Martine em relação à irmã é mal disfarçado; a exemplo da mãe, ela se apresenta como uma vítima insensível às censuras e às punições. A recusa a trabalhar acompanha aqui uma relação edipiana de rejeição (não sem conflitos, pois é devido às dificuldades com o pai que a menina evoca os seus medos noturnos, as suas reações fóbicas, ou seja, toda uma situação perturbadora nascida da cumplicidade mãe-filha).

---

*Nota da Revisora Técnica: Lei do Pai: a partir da década de 1950, Jacques Lacan voltou a tratar a questão edípica a partir da triangulação Pai-Mãe-Criança, abordando o complexo de Édipo como uma função simbólica. Na mediação da relação entre a mãe e a criança, o Pai – em função simbólica a partir do discurso da Mãe – intervém como terceiro, fazendo operar a Lei como interdição, como um limite, que barra o Desejo da Mãe. Ao inscrever-se, o Nome do Pai inscreve uma falta no Outro e impede que a mãe faça do filho o seu falo, e, da mesma maneira, veta ao filho a completude com a mãe.

A Situação 13

A análise, aceita pela mãe e pela criança reintroduz o pai na vida de Martine. E encontramos aí, logo no início, o que há de mais importante.

O fracasso escolar, também aqui, é sinal do sofrimento de uma adolescente insatisfeita por não poder estabelecer um relacionamento adequado com seu pai. Ela queria ser considerada e não poupava esforços para isso.

Caso 7
A mãe quer trazer ao meu consultório a filha Sabine (11 anos), ameaçada de ser expulsa da escola. O pai se opõe a qualquer avaliação.

Aceito receber a mãe, mas não a criança. Quais os resultados dessa entrevista?

A menininha tem tiques que se repetem de 30 em 30 segundos; eles apareceram há 3 meses, após a internação em uma clínica infantil, contra a vontade do pai.[7]

De fato, esses tiques existem desde os 6 anos (data em que o pai abandonou o domicílio conjugal em protesto contra uma operação feita em outro filho sem o consultarem).

O regresso do pai à casa coincide, curiosamente, com o retorno dos sintomas de Sabine (recusa a ir à escola e graves crises fóbicas), que acarretam uma nova hospitalização "para observação de distúrbios nervosos", sem o consentimento paterno.

Ao retornar da internação, Sabine traz, além dos seus próprios tiques, também os dos outros...

---

[7] À primeira vista, pode parecer absurdo que o pai se recuse a internar sua filha. Porém, um olhar mais atento nos faz perceber que, nesse caso, a recusa é uma prudência desse homem, que tem a correta intuição do perigo que a filha corre ao ser usada como único objeto de troca entre a sua mãe, médica, e os seus colegas médicos. Os tiques e as fobias são sintomas reativos a uma relação neurótica.

Diante desse quadro, escrevo ao pai para lhe pedir autorização antes de realizar uma avaliação. Eis a resposta: "Agradeço sua carta e aprecio a posição franca que a senhora adotou nesse caso em particular. Devo informá-la de que certas divergências de pontos de vista com minha mulher, quanto ao que foi feito e ao que resta fazer para o desenvolvimento moral dessa criança, fazem com que eu me veja obrigado a recusar a sua oferta de colaboração.

Acredito que cabe aos pais, e somente a eles, garantir que a criança tenha um comportamento adequado à idade."

O casal era unido até o nascimento dos filhos. A vinda deles ao mundo assinalou o início do desentendimento (por ser impossível para a mãe suportar uma situação a três, isto é, uma situação em que o pai continua a existir na mãe apesar da presença dos filhos). Ao subtrair os filhos à autoridade do marido, servindo-se de todas as cumplicidades, a Sra. X fez a infelicidade dos seus.

Assim, a carta que escrevi, assinalando a minha recusa a entrar no jogo da mãe, foi, por si só, uma intervenção terapêutica.

O pai tomou uma decisão contra uma possibilidade de tratamento psicanalítico? Isso pouco importa no momento, porque, com a sua recusa, ele se torna presente à mãe e à filha, decidindo fazer uma viagem com a filha, o que já é, em si, uma coisa importante.

Mais tarde, talvez ele venha a concordar com uma intervenção psicanalítica se perceber que tal tratamento não vai de encontro à sua autoridade.

Se eu tivesse começado um processo analítico, teria me tornado cúmplice da mãe. Ao levar em conta a palavra do pai, deixei a cada membro da família a possibilidade de reencontrar o seu lugar.

Na verdade, os problemas escolares servem somente para mascarar desordens neuróticas de gravidade bem maior.

A Situação 15

O que nos impressiona nesses casos de dificuldades escolares é que a acuidade do sintoma invocado esconde dificuldade de outra ordem. Os pais levam ao psicanalista um diagnóstico já estabelecido. O desconcerto dos pais começa quando esse "diagnóstico" é questionado. Descobrem então que o sintoma escolar servia para mascarar todos os mal-entendidos, as mentiras e as recusas à verdade.

Vimos a importância do papel do pai na raiz das dificuldades escolares. Ou ele é excluído pela mãe, e a criança se sente em perigo em uma relação dual, ou então a imagem paterna aparece em uma relação conflituosa: desencorajada com a ideia de não poder satisfazer o pai, a filha renuncia a todo desejo próprio, enveredando, assim, por um caminho de abandono e depressão.

O que está em jogo não é o sintoma escolar, mas a impossibilidade para a criança de se desenvolver tendo desejos próprios, não alienados nos fantasmas parentais. Essa alienação no desejo do Outro manifesta-se por meio de toda uma série de distúrbios, que vão desde reações fóbicas leves até sintomas psicóticos.

De fato, quando a mãe vem consultar-me devido a um sintoma específico, munida de uma convicção diagnóstica, é geralmente porque ela deseja que nada se altere na ordem estabelecida. A aventura começa quando a analista questiona a resposta parental. Os pais têm dificuldade em perdoá-la por não continuar cúmplice da mentira que elaboraram.[8] É por isso que tantas vezes exigem encaminhamentos, orientações apressadas, em vez de a tentativa de uma análise.

---

[8] A mentira, sobre a qual toda uma vida pode se fundar, é, de certa forma, a expressão de um desconhecimento.

Caso 8: Um disléxico reeducado
Simon foi examinado aos 10 anos, em razão de dificuldades escolares. (Canhoto contrariado, é prejudicado por uma forte dislexia e não se sai bem nos estudos, apesar de seu QI elevado.)

Uma recuperação da ortografia e uma reabilitação psicomotora foram tentadas, às quais se acrescentaram sessões de psicodrama.

A criança guarda disso a lembrança de "lições de ortografia, de ginástica e de um jogo com um doutor".

"Eu já não tinha mais tempo para fazer nada, só me restava correr da escola para fazer as lições."

"Por que você faz essas lições?"

"Quanto à ortografia, está melhor agora, mas não fui admitido no 6º ano quando tinha idade para isso." Atualmente com 14 anos, Simon está no 5º ano de recuperação* e, de fato, deve renunciar aos estudos secundários regulares.

O que surpreende em uma investigação emocional atenta é a estrutura obsessiva[9] em que o sujeito parece fixar-se. Tudo o que ele enuncia é sistematicamente anulado no momento seguinte. A criança é sem desejos; parece blindada contra todo e qualquer sofrimento e dúvidas.

Muito fixado aos pais, Simon não tem nenhuma vida pessoal além daquilo que organizam para ele. Nenhuma emoção é traduzível em palavras; tudo é isolado. Uma não correspondência constante aparece entre o que ele diz e o que faz.

Toda a gama de avaliações intelectuais enfatiza fatores de superdotação, mas "isso não redundou em nada".

---

*Nota do Tradutor: Sistema escolar francês.
[9] Estrutura rígida interna na qual o sujeito se encontra barrado em toda expressão livre de si e do seu desejo.

A pergunta que temos o direito de formular é a de saber se a indicação de processos de recuperação escolar em massa não se deu cedo demais, reforçando assim mecanismos de defesa de tipo obsessivo.

Atualmente, a estrutura obsessiva é tão rígida que praticamente não vemos o que uma análise não desejada pela criança poderia proporcionar.

Aos 10 anos, a criança apresentava, segundo nos dizem, "traços fóbicos acentuados", então talvez tivesse sido desejável começar por uma Psicanálise, sem nos ocuparmos dos sintomas propriamente ditos, a não ser em uma segunda fase. Infelizmente, sob pressão social, o paciente procura muitas vezes "ganhar tempo", ocupando-se apenas do que ele acredita ser mais urgente.

Ele nos faz, nesse caso, constatar o fracasso das recuperações propriamente ditas; elas agravaram as defesas do sujeito, aumentaram a sua inibição intelectual e chegaram ao seguinte paradoxo: desembaraçado das suas dificuldades ortográficas, Simon se bloqueou no seu desenvolvimento intelectual ao ponto de ficar inapto para os estudos, apesar de um QI elevado e de desempenhos satisfatórios no plano da abstração.

Ao reeducarmos um sintoma que era, para o menino, uma forma de linguagem, isto é, o único meio de que dispunha para expressar as suas dificuldades, nós o colocamos em perigo, e é de outra maneira que, a partir daí, as suas defesas serão organizadas à custa, dessa vez, de todo despertar intelectual.

II. Dificuldades de comportamento

Caso 9

Thierry, de 8 anos, vem consultar-se por "dificuldades de comportamento e inadaptação escolar".

O segundo de três filhos, único filho homem entre duas meninas, foi criado por sua babá até os 5 anos, vale dizer, até o nascimento da irmãzinha. Esse nascimento infelizmente coincidiu com o retorno de Thierry ao lar. Ao chegar à casa da mãe, ele teve um ciúme comum. Mas a impossibilidade, para a mãe, de suportar a agressividade do filho não tardou a instalar solidamente este último em uma "maldade" "denunciada" pelo adulto.

Deprimida desde o nascimento do primogênito, essa mãe (órfã desde os 7 anos) não era feita para ter uma família numerosa, na medida em que isso lhe tirava toda possibilidade de vida profissional. "Não sou uma boa dona de casa. Fico nervosa; são os filhos que apanham."

Realmente, é sobretudo o menino que está no centro dos conflitos. Ele o expressa, aliás, com as palavras da mãe: "Quando eu era pequeno, quem apanhava era a irmã mais velha; agora, é a minha vez."

Os sonhos da criança são sempre de estilo persecutório. Ela deseja permanecer pequena "para ter pais menos maus que batam menos na gente".

Fixado em sua mãe, Thierry não pode, no entanto, fazer outra coisa, a não ser "enfurecê-la". Fazendo eco às palavras dela, ele me diz: "Papai está sempre atormentando mamãe e faz todas as vontades dos filhos."

Na verdade, ele procura colocar-se entre os dois pais. Reivindica o lugar de favorito junto à mãe e só fica satisfeito quando provoca brigas. Satisfeito e infeliz ao mesmo tempo, pois acaba

A Situação 19

sendo rejeitado por todos, logo em seguida esforça-se para assumir um ar de "falso durão".

O casal parental é unido; ambos ficaram órfãos muito cedo, e o casamento para eles era, antes de tudo, uma segurança a dois. Os filhos vieram transformar os seus planos.

Uma análise aqui vai poder ajudar essa criança com problemas, que começa a expressar as suas dificuldades no campo de uma dislexia (escrita espelhada).[10] De inteligência superior à média, Thierry, sem ajuda de um percurso analítico, corre o risco de tornar-se uma pessoa revoltada e um péssimo aluno.

Caso 10: Em que as dificuldades de uma criança são a expressão das dificuldades de um casal

Lucien veio ao mundo após 24 anos de casamento. "Eu tinha necessidade de um filho", diz-me a mãe, "porque havia um vazio".

De fato, o nascimento do filho deu-lhe todos os direitos: desde esse dia, o marido já não tem importância. "O filho é assunto meu; *ele* nada tem de fazer lá dentro."

Todas as saídas do casal vão sendo canceladas. Toda a vida dos pais passa a girar em torno da vida do filho. O pai se sente, desde então, excluído, como que "expulso de sua casa". A mãe está em um relacionamento com um filho que ocupa o seu tempo e recorda-lhe as brincadeiras que, quando menina, fazia com o irmãozinho, falecido quando a mulher tinha 12 anos.

O menino, de nível intelectual superior à média (QI 125), apresenta disritmia e deficiências no campo psicomotor. Ligado ao pai, não ousa, porém, desenvolver-se de forma viril; esquiva-se

---

[10]Escrita espelhada: escrita que reproduz os caracteres tal como refletidos em um espelho.

voluntariamente de todas as trocas motoras que poderiam ter com ele (brincadeiras). Obedece, por temor, a um ideal materno, gentil, passivo. "O que vale é o que a mamãe decide", diz-me Lucien. No entanto, esse estado de coisas o põe inseguro. Procura refugiar-se em uma conduta regressiva. Tudo o amedronta. "O melhor seria nada ver, nada ouvir de desagradável."

Lucien é a causa do desentendimento do casal. A mãe pressente o perigo que representaria para ela a análise do filho e opõe-se. O que ela deseja é guardar, só para si, um brinquedo do qual continuaria a ser dona.

Todavia, as reações anoréxicas e fóbicas do filho a aborrecem, assim como as ameaças de divórcio por parte do marido, já em seu limite.

Os sintomas da criança são, nesse caso e antes de tudo, a expressão das dificuldades do casal e, particularmente, da mãe. Ao realizar de modo tardio o seu desejo de menina – ter um filho sem um marido –, ela cria uma situação insustentável para cada um.

Na entrevista, a analista não pode precipitar as coisas. Ela só pode sublinhar o absurdo da situação que aparece no discurso da mãe, além de denunciar-lhe os danos.

Mas não era isso o que a mãe veio procurar; ela desejava ouvir um parecer que legitimasse suas ideias. Talvez já estivesse à procura de outro analista... O que está claro é que ela necessita encontrar uma garantia para a sua mentira...

Caso 11

"Catherine é uma revoltada", dizem os adultos. Ela consegue ser expulsa de todos os lugares. Dezesseis anos, rabugenta, mal amada. Na verdade, uma menina abandonada pelo pai ainda na primeira infância. "O que me interessa nas crianças? Farei outras em outro lugar." A menina tinha então 5 anos...

Quando bebê, a babá a fazia comer o que ela vomitava e amarrava-a em um penico para que pudesse se dedicar melhor aos seus afazeres.

O divórcio dos pais da criança é seguido por um episódio depressivo da mãe dela e por uma mudança de vida completa. Catherine cresce em uma atmosfera cheia de rancor. Apegada ao pai, fica ressentida quando ele mostra preferência pelo irmão[11] e a abandona com uma mãe deprimida.

"Para mim, teria sido melhor se a mamãe tivesse se casado de novo, pois, assim, ela sentiria menos necessidade de mim. Sou de tal forma tudo para ela que, quando ela não está presente, eu não sou mais nada, eu estrago tudo."

De inteligência superior à média, essa menina se sente desanimada, sem força, e vive, por identificação com a mãe, o abandono de si mesma.

O divórcio, de certo modo, deixou-a órfã; ela perdeu, de uma só vez, uma figura paterna e uma figura materna estruturante; além disso, ficou, ao mesmo tempo, privada da companhia de um irmão animado.

Exigente, insatisfeita, Catherine não se integra em nenhum lugar e faz tudo para ser sempre expulsa e detestada.

Somente uma intervenção psicanalítica pode aqui salvar um sujeito alienado na história da mãe e que, de certa maneira, repete uma situação de abandono vivida em outra geração.

Caso 12: Criança em perigo moral
Simon tem 13 anos, furta e foi reprovado no exame de admissão do 6º ano.

---

[11] A guarda do irmão foi, com efeito, confiada ao pai, a pedido dele, e a filha, por ser menina, é deixada sob os cuidados de uma mãe deprimida. Catherine tem, desde esse momento, a impressão de que foi abandonada por ser menina.

Ele é o mais velho de três filhos. Seu pai é um homem de grande valor, que se dedica muito pelo seu país (em um Estado que alcançou a independência recentemente), mas a criança não tem o menor interesse em algo que poderia entusiasmar um jovem dessa idade (a revolução vitoriosa, a conquista da estabilidade política, a construção do país). Não, o pai pertence a uma turma "que se bronzeia ao sol e frequenta assiduamente as prostitutas". "A gente vai assaltando e roubando de brincadeira."

O pai nada sabe sobre o comportamento do filho. A mãe, com efeito, esforça-se para esconder todas as más ações do filho mais velho, que, desse modo, toma consciência do seu poder.

Um dia, esse é o drama: o pai toma conhecimento de tudo e resolve enviar o filho à Europa para livrá-lo da influência moral de um grupo de adolescentes desonestos.

O nível intelectual de Simon é bem mediano. Ele tinha um lado "pseudoadulto" bastante acentuado; a sua sinceridade é desconcertante: "Quando estou aborrecido, quebro os lampiões de rua. Nada me interessa, salvo as moças, a dança, o cinema." A cumplicidade da mãe é incessantemente buscada. "Ah, se um dia eu conseguisse assaltar um banco sem ser preso." Por trás de tudo isso, encontramos o *desvario* de um adolescente insatisfeito por assim poder enganar seu pai; insatisfeito por desfrutar tão pouco a presença paterna. Na medida em que a mãe não soube introduzir no seu discurso o *nome do pai*,* é por identificação com uma mãe abandonada que a criança vai construir-se, em vez de mostrar-se o filho digno de um pai valoroso.

---

*Nota da Revisora Técnica: Jacques Lacan (1957–1958) irá destacar que a operação do complexo de Édipo – a incidência da castração – tem a função de interdição, que designa *metáfora paterna*. Também denomina o *significante primordial* – representante da lei edípica – como Nome do Pai. É a inscrição do Nome do Pai que permite ao sujeito separar-se do campo do Outro, ao custo de uma perda fundamental. Não se trata, contudo, de um pai biológico; antes, daquilo que, no discurso da mãe, representa o pai.

A Situação 23

Uma análise foi aconselhada, assim como uma viagem ao exterior. O prognóstico, no entanto, é mantido: 13 anos, escolaridade de 5º ano, um estilo de vida "falso adulto", a recusa a todo e qualquer esforço e um desejo muito relativo de estar em análise.

O pai, apesar de consciente do perigo que o filho corre, deixa a sua esposa tomar as rédeas da situação; ele precisa, para a sua própria paz, escapar a todo confronto com uma verdade penosa.

O adolescente em perigo moral, o delinquente, é sempre alguém que foi uma criança difícil em determinado momento. A crise comportamental, a princípio, pode não ser mais que a expressão de um mal-estar no interior da fratria (ciúme, incompreensão) ou de um mal-entendido com os pais. Mal-estar e mal-entendido que podem acentuar-se caso não sejam compreendidos, podendo também se traduzir em distúrbios escolares e, posteriormente, em comportamentos agressivos.

É raro não haver, no âmbito do casal parental, a falta da presença paterna. A presença real do pai não é indispensável; o que parece indispensável é a presença do pai no discurso da mãe. Quando o pai não estabelece a Lei para a mãe, quando essa não o estima ou não o respeita suficientemente, sempre encontramos os efeitos disso na criança, particularmente nos meninos. A criança que entra nesse jogo de discórdia parental, ou de cumplicidade materna, geralmente impõe a Lei à mãe (por identificação com ela), seguindo assim o caminho das inversões, das fobias ou da delinquência.

Insatisfeito, pouco seguro de si, tendo renunciado às verdadeiras competições, desejoso de conservar todas as vantagens da infância (apego edipiano não superado) e de não ter nenhuma obrigação de adulto, mas todos os direitos, o sujeito enveda então por uma via que o afasta do social, custando-lhe a reprimenda e a condenação. Esse encadeamento, porém, é progressivo, as ocasiões são múltiplas quando ainda há tempo para intervir, para salvar o que não passa de uma criança desorientada e infeliz.

Caso 13: Ciúmes de um irmão mais novo

Emilie, de 9 anos, é a mais velha de três irmãos. É descrita como instável, má, exigente, bulímica. Ela tentou estrangular a irmãzinha de 3 anos. Essa menina nunca dormiu em casa, em consequência das dificuldades de acomodação, por falta de espaço. Somente com o nascimento do terceiro irmão, Emilie pôde reintegrar-se ao lar, graças a uma mudança de residência.

Imediatamente, ela embirra com o bebê, porque ele lhe lembra confusamente o nascimento do irmãozinho (de 2 anos) que provocou a sua saída de casa.

A não aceitação dos irmãos mais novos foi alimentada pela avó paterna, que nunca perdoou a nora por ter tido vários filhos e por se achar na obrigação de repartir assim "os bens" da família. "Mais vale", repetia ela, "conservar as vacas do que as crianças".

Emilie, ainda muito jovem, favoreceu assim, involuntariamente, a discórdia entre os adultos, e é como inimiga da mãe que ela retorna à família aos 6 anos.

Embora tenha inteligência normal, o seu aproveitamento escolar é nulo. Durante a entrevista, o que aparece, sobretudo, é o seu desejo de permanecer "pequena para poder ser muito mimada". Além disso, ela tem "medo dos trens que podem cortar a gente em dois"; "medo de crescer, pois isso traz a morte".

Não lhe é possível situar-se no presente ou no futuro. "Não seria mau se eu me tornasse a pessoa de bem que não posso ser."

Emilie porventura é má? Não. Perigosa? Talvez.

Trata-se, antes de tudo, de uma criança infeliz, separada cedo demais da mãe. O seu ciúme, "utilizado" pela família do pai, tornou-se a sua única possibilidade de comunicação. Emilie morde, arranha, reivindica, estrangula. De fato, ela procura ser o único bebê da mãe e tenta, ao mesmo tempo, eliminar a figura do pai.

Ela guarda ressentimento contra o casal parental, a quem imagina detestar, ao mesmo tempo que procura amá-los (mas ela perdeu a possibilidade de resolver corretamente o seu Édipo). Somente uma análise poderia, aqui, ajudar essa criança a escapar do risco de ser rejeitada por sua família e pela sociedade.

Caso 14

Pierre, 7 anos, só pensa em "matar" o irmão...
O mais velho de três irmãos, ele se sente infeliz em casa e na escola. Tem, em toda parte, reações persecutórias. Essa perseguição se traduz em sonhos nos quais ele é "chifrado pelos touros e derrubado pelos cavalos".

A presença dos irmãos mais novos perturba-o em todas as suas atividades. Reclama um quarto só para si. "Gosto de ficar sossegado. Tenho horror de que me sigam por toda parte. Tenho horror de que se metam com os meus negócios."

De fato, Pierre encontra apoio às suas reivindicações junto ao avô materno. Para ele, Pierre é "o seu único netinho". As outras crianças praticamente nada representam. Na casa dos avós, Pierre é rei. "Sou", diz ele, "o filho de vovô", ou seja, filho edipiano de uma mãe ainda muito ligada ao seu próprio pai...

O desconforto de Pierre e a insegurança que sente em relação ao pai, na verdade, não passam de expressões da inquietude materna. "Não posso deixar de comparar meu marido com meu pai; é meu pai que conta pra mim."

A criança, desse modo, é submetida à palavra do avô, que representa a Lei para a mãe, mas recusa com pânico a palavra do pai. "Foi por causa dele que eu quebrei a perna; é ele que me manda fazer coisas perigosas."

O primeiro efeito de uma análise seria esclarecer o próprio conflito da mãe em torno da figura do marido e do pai – ajudando o filho, dessa maneira, a situar-se corretamente em uma relação edípica tornada confusa pela culpabilidade da mãe, que sente não ter o direito de ser a dona de sua casa e de deixar o marido ser o senhor do lar.

É no desejo de assassinar os mais novos que Pierre exprime da melhor maneira a sua rejeição ao casal parental, isto é, a rejeição inconsciente da mãe ao seu próprio casamento.

Pierre é a criança que a mãe desejaria ter tido quando era menina... Essa criança, nascida de um sonho, só pode se deparar com uma realidade embaraçosa...

Toda criança, quando nasce um irmão mais novo, sente um ciúme que, em si, nada tem de patológico. Esse ciúme, em geral, é apenas a expressão de um sentimento interior de perigo diante dos mecanismos de identificação (que levam a criança a renunciar aos seus progressos para regredir à condição de bebê, ou a sentir-se ameaçada de ser comida, tal como a mãe o é pelo bebê). A criança, confusa, reage então por meio de mecanismos de defesa que a levam a se mostrar agressiva (trata-se, na realidade, de uma proteção narcísica do sujeito, lutando pelo seu direito de viver).

Uma atitude compreensiva do meio circundante ajudaria a criança a superar esse mal-estar e a atravessar uma etapa necessária à sua formação de ser social.

Ocorre, entretanto, que os sentimentos de ciúme correspondem a dificuldades não resolvidas em um dos dois pais. Desde esse momento, a criança deixa a experiência comum de um conflito de ciúme para entrar no terreno patológico. Exprime então, de maneira violenta, aquilo que, na mãe, permaneceu "inconfessável". É esse inconfessável, esse não sublimável, que a criança vai mandar pelos ares, produzindo o pânico no mundo adulto.

Caso 15: Conduta a-social*

"Christian tem 10 anos. É o mais velho de três irmãos. "Faz maldades deliberadas e põe as crianças em perigo. Morde o professor e os colegas. Já foi expulso do colégio três vezes..."

O que logo surpreende no atendimento é a consternação do pai e a expressão de contentamento da mãe, "que acha tudo muito divertido".

As condições de habitação são más; a criança sofre com isso.

De inteligência claramente superior à média, Christian, por trás da rudeza, esconde uma sensibilidade à flor da pele. Indispõe-se com todos os amigos; suscetível, perseguido, pode-se dizer que ele está sempre à espreita do mal que alguém se sentiria tentado a infligir-lhe.

De fato, Christian sofre de uma insegurança materna total. A mãe, pouco inteligente, intervém nas brigas das crianças e agrava uma situação que, sem ela, se resolveria por si mesma.

O pai é o único que defende Christian. Mas este, em seus pesadelos, vê o braço do irmão transformar-se em uma forquilha ameaçadora e, em outros momentos, tem a impressão de ser atirado em uma caverna.

Christian não quer crescer. "Quando a gente cresce, não pode fazer mais nada."

Inconsciente das suas tolices, sem se preocupar jamais com o mal que pode fazer, o menino se isola e desenvolve sintomas persecutórios.

---

*Nota da Revisora Técnica: A autora não utiliza o termo antissocial, referido a uma estrutura perversa, mas, por ora – devido à idade da criança –, elege o termo "a-social" indicando a dissociação entre ela e o mundo adulto. No texto original, mantém-se a ideia de separação por meio da escolha desse significante: a-social, e não associal. Não é uma questão de ortografia, mas de marcar a diferença no registro da linguagem (cara à psicanálise francesa).

Somente uma análise, nesse caso, poderia interromper esse comportamento a-social e ter, assim, efeitos exitosos antes que um mal-entendido se instale para sempre entre a criança e o mundo adulto.

Christian aparece, com efeito, sobretudo como um doente. As suas relações com a mãe são do tipo "de abandono"; ele reclama e reivindica um laço afetivo que nunca pôde existir em decorrência da falha materna.

As dificuldades entre irmãos se tornaram um drama, por causa do intervencionismo adulto, responsável por essa situação de "irmãos inimigos", que favoreceu, no mais velho, a eclosão de sentimentos persecutórios.

Caso 16

Etienne, 10 anos, é o mais velho de quatro irmãos.

"Ele corta o rosto do irmão, quebra o braço da irmã, põe os outros em perigo. Furta e masturba-se abertamente."

De inteligência superior à média, Etienne diz estar sempre *cansado*. Sonha com uma cabana e com uma casa cheia de animais. Sonha com mar, com sol. De fato, ele procura sobretudo escapar de uma atmosfera familiar nefasta: odeia a mãe ao ponto de lhe recusar água à mesa, enquanto passa vinho para o pai. Contudo, trata-se apenas de um longo mal-entendido: mãe perfeccionista[12] que se colocou no caminho do filho mais velho para impor o seu desejo ao dele. Deseja ele sair de bicicleta? Ela lhe propõe um trabalho no campo. Quer ficar sozinho? Ela convida um bando de crianças.

Assim, Etienne se sente na impossibilidade total de fazer o que quer que seja; qualquer projeto é interrompido antes mesmo de ter podido amadurecer.

---

[12]Mãe perfeccionista: mãe que busca a perfeição nos mínimos detalhes, de tal maneira que a criança já não se sente senhora dos seus atos, entrega a direção desses atos ao Outro "que é suposto saber".

E é de um modo persecutório que ele vai se desenvolver, já que a sua maldade não passa da expressão de uma defesa contra uma imagem materna, sentida como obstáculo a toda possibilidade de desenvolvimento viril.

O que impressiona nesses dois casos é o conteúdo neurótico de um comportamento que (sem intervenção psicanalítica) corre o risco de se fixar no caráter a-social que o adulto lhe conferirá.

Ao denunciar a maldade nesse tipo de criança, não podemos deixar de compreendê-la como um sistema de defesas que é, para ela, uma proteção narcísica contra uma investida adulta, percebida como perigosa.

É contra a mãe que essa criança guarda ressentimento. Não conseguindo encontrar palavras para expressar a sua sede de amor, é por meio de comportamentos destrutivos que ela se esforça para estabelecer um diálogo...

Caso 17

Denis, 9 anos, o mais velho de dois irmãos, rouba, põe fogo, destrói os móveis, é expulso de todos os lugares...

Casal desunido. O pai diz ao filho: "As mulheres foram feitas para devorar os homens; nunca se case." E a mãe transforma Denis em testemunha da sua infelicidade: "Papai nunca quer sair conosco." A criança, capturada entre os dois, faz, com palavras de adulto, censuras ora a um, ora a outro.

De inteligência superior à média, Denis só aspira a uma coisa: voltar a ser bem pequenino para escapar à tristeza do mundo adulto. "Se houvesse uma fada, eu lhe pediria para fazer com que os pais fossem gentis uns com os outros."

Confidente do pai, o menino rejeita qualquer identificação masculina. Hipersensível, sente-se culpado pela situação imposta à mãe; busca escapar a todo custo.

A delinquência nada mais é aqui do que a expressão de uma desordem.

Somente uma análise poderia conseguir ajudar o menino a alcançar o desenvolvimento de sua autonomia, a ter desejos próprios não alienados nos desejos dos adultos.

Caso 18

Antoine, de 15 anos, ateou fogo na fábrica do pai. Sendo o segundo de três filhos, viu-se, ainda muito novo, envolvido nos dramas familiares, dos quais era o motivo. Rejeitado pela família do pai como o "filho da mãe", Antoine, em contato com um pai que se proclama fracassado, tornou-se pouco comunicativo, taciturno. Os fracassos escolares acentuaram o caráter depressivo do sujeito. "Eu botei fogo tal como poderia ter me suicidado, ter me matado."

Sujeito inteligente, em quem se pode recear uma evolução psicopática.

Todas essas crianças que têm precocemente comportamentos a-sociais não são perversas;[13] apenas sujeitos cuja evolução é comprometida por uma situação familiar nociva que as impede de resolver corretamente o seu Édipo. Identificadas alternadamente com o pai ou com a mãe "vitimizados", em um dado momento, só encontram na violência uma saída para escapar ao perigo de se tornarem, eles mesmos, "vítimas" ou "fracassados".

O que caracteriza esses sujeitos é a rejeição do desenvolvimento de um sentido para o seu devir sexual. A figura materna

---

[13] Um perverso é aquele que se situa, de certo modo, em uma estrutura psicopatológica. O que se manifesta na análise é a posição do sujeito em uma relação fantasmática em que ele procura tornar-se objeto e dar o que não tem. A construção perversa se organiza em torno do significante falo que se apresenta como símbolo do desejo materno.

é sempre eminentemente castradora, há uma carência afetiva total nas trocas mãe-filho.

Não é a desunião do lar que gera distúrbios graves, mas o caráter patogênico de um dos pais que comparece para reforçar uma situação realmente penosa; assim, introduzir esse algo insustentável provoca na criança um pânico e uma fuga em um *acting out*[14] de suicida ou de assassino.

Pelo fato de, em determinado momento, toda referência de identificação falhar nesse ponto é que o sujeito busca uma ação, um meio de escapar à angústia. É como se, em última análise, ele tivesse necessidade desse ato estrondoso, para poder, em seguida, falar e fazer intervir esse terceiro, que parece ter sempre lhe faltado (nos casos 17 e 18, é a partir do ato incendiário que a criança, servindo-se indiretamente da consulta psicanalítica, pôde formular o seu problema em face de pais até então inconscientes do drama que se apresentava).

Caso 19: O delinquente

Samuel, 15 anos, pais divorciados. Furta, provoca a polícia. Foi expulso de alguns estabelecimentos escolares. Fracassou no CEP.*
Desde essa ocasião, porta facas afiadas e veste-se de mulher.

"Só gosto dos vadios, não quero fazer nada."

Suas lembranças de infância? "Tenho apenas uma: a infância é uma piada. Aos 9 anos, estava de férias com minha mãe, ela levara consigo o amante. Quando papai vinha nos ver no fim de semana, o amante desaparecia, e eu ouvia a zeladora cantar: 'Eis o corno subindo.' Isso eu jamais o perdoei. Se voltar a vê-lo algum dia, eu o matarei."

---

[14]*Acting out*: colocação em ato de uma expressão verbal que não encontrou meios de se formular ou de se fazer ouvir.

*Nota do Tradutor: CEP, *Certificat d'Études Primaires.*

O tema em torno do qual Samuel cristalizou tudo foi o de a mãe ter zombado do pai, chegando até a identificar-se com essa mãe odiada, escarnecendo, por sua vez, da autoridade para se vingar.

De fato, Samuel sempre foi uma criança mal-amada, protegida por um pai que não ditava a Lei em casa.

"Posso muito bem morrer", diz ele, "ninguém irá chorar".

Em segundo plano, paira a sombra do irmão caçula, menino bem-comportado, querido por todos... Samuel não pode suportá-lo, deseja-lhe o mal por ser o preferido da mãe.

Intelectualmente dotado, esse adolescente sabota a *si próprio* em todos os exercícios escolares, como se apenas o fracasso fosse desejado. Muito sensível, acha-se em permanente estado de revolta e de perseguição.

A sua delinquência se manifesta para testemunhar ao mundo a sua condição de mal-amado.

Toda análise no momento presente é recusada. "Tudo isso são tolices; o mundo inteiro é tolo, e eu tenho de lhes *dizer* isso."

Essas palavras, que ele não pode dizer, são traduzidas em seus atos.[15]

Caso 20

René, 15 anos, expulso de vários internatos e do IMP.* "Ele quebra tudo em casa, furta, bate em nós e, se deixássemos, botaria fogo na casa."

O pai reage a esse comportamento com episódios depressivos.

Uma irmã deixou a família. "Todos ficam doidos quando ele está em casa." A madrasta ameaça divorciar-se.[16]

---

[15] O prognóstico é sombrio na medida em que a criança recusa qualquer investigação analítica.

*Nota do Tradutor: IMP, Institut Médical Psychiatrique.

[16] Ela se casou com o pai de René quando o menino tinha 8 anos.

Com 3 anos, René, o caçula de três irmãos, ficou órfão de mãe. Até os 8 anos, foi criado por uma sucessão de empregadas e tias. "Ele era tão difícil que ninguém queria cuidar dele", e foi uma sequência de consultas médicas. Aos 8 anos, permaneceu vários meses na ala masculina de uma clínica psiquiátrica. Aos 9 anos, foi internado em um hospital que o encaminhou a um IMP, que o transferiu para outro. Aos 15 anos, foi devolvido à sua família.

O que fazer? De uma análise ele nem quer saber. "Os psiquiatras me conhecem, e eu não vou lhes dizer nem uma palavra."

A única saída imediata para esse rapaz é a possibilidade de formação profissional e que ele saiba que o dia em que tiver necessidade de ser ouvido nós estaremos dispostos a fazê-lo.

Atualmente, René sente o mundo adulto unido contra ele. Necessita colocá-lo à prova e, dessa maneira, avaliar até onde pode ir o amor do Outro para com ele.

A depressão do pai, o pânico da madrasta, a fuga da irmã, a revolta dos educadores são, de certo modo, a expressão da mesma queixa do adolescente. "Vejam o que minha mãe fez comigo, abandonando-me com 3 anos."

Enquanto houver um Outro a perturbá-lo, René continuará...

Ele talvez não seja mais o mesmo no dia em que, sozinho, for responsável pelo seu trabalho e sustento, embora possamos prever relações complicadas entre empregado e empregador.

Será que René se tornará de fato um delinquente? Um psicanalista não está em boa posição para ajudar um sujeito que acaba de recorrer a uma série de instituições com as suas equipes de educadores e psiquiatras.

A Psicanálise deveria ter sido tentada muito antes dos 8 anos. Talvez até aos 3 anos, na idade da eclosão dos distúrbios.

Citei aqui toda uma série de sintomas que vão desde a dificuldade de comportamento até a delinquência caracterizada.

Basta, às vezes, um excesso de mal-entendidos para transformar um neurótico que pede ajuda em um delinquente que a recusa.

Quando o sintoma se torna a única possibilidade de comunicação do sujeito, ele não pode abrir mão dele. Trata-se da sua linguagem, e ele quer que ela seja reconhecida como tal. Ou melhor, está decidido a só oferecer uma máscara fechada, impenetrável, indecifrável àqueles que não possuem o segredo.

Caso 21: Criança perversa

Emilienne tem 5 anos.

"Não se pode mais mantê-la em casa. Ela deu sumiço em todas as joias da mãe, rasgou casacos de pele, a licença do carro e carteiras de identidade, destruiu máquinas fotográficas. Estimam-se em cerca de um milhão os prejuízos causados por essa criança no espaço de 1 ano."

Mãe obsessiva, criou a filha com toda a assepsia, sem o menor contato afetivo. Desejou *um* marido, para ter *um* filho, mantendo, ao mesmo tempo, *uma* profissão brilhante.

"Até ela completar 4 anos", diz a mãe, "não lembrávamos de que tínhamos uma filha". Essa havia sido, com efeito, "emprestada" a uma amiga íntima da mãe e, mais tarde, "retomada" após uma desavença com a amiga. Tratava-se, efetivamente, de relações homossexuais inconscientes, e a briga foi ainda mais violenta.

A figura paterna não importa: nos primeiros anos foram inúteis os esforços do pai no sentido de opor-se a que Emilienne passasse o tempo todo na casa da amiga da mãe, sobretudo porque a filha o desprezava, como desprezava qualquer indivíduo do sexo masculino.

Com 4 anos, a menina deixou de ser "emprestada" à amiga íntima da mãe e passou a tomar o lugar do marido em sua cama. "Preciso dela para ficar quente."

A menina é admitida como animal, mas rejeitada como objeto de ternura. A mãe não pode dar essa ternura, assim como é estranha/avessa a toda sexualidade: "De vez em quando temos relações, mas eu de bom grado as dispensaria."

O único amor da mãe são as *flores*: foi quando a filha começou a investir contra as flores que se considerou a hipótese de interná-la.

Emilienne não é infeliz; muito dotada, sente prazer em ver "o que acontece quando faço uma arte..." Ela sempre procede com maestria; nunca conseguimos pegá-la em flagrante.

A análise iniciada foi interrompida pela mãe após três sessões. Por quê?

Ela incumbira Emilienne de me presentear com flores em seu nome. De imediato, a criança foi o instrumento utilizado para me seduzir.

Quando chamei a atenção da mãe para o fato de que a menininha parecia vir não em seu próprio nome (ela era muito resistente a mim), mas alienada no presente materno, o que tornava então impossível toda e qualquer expressão de fala autêntica, interromperam-se as entrevistas. A criança foi "colocada" em uma instituição.

É porque Emilienne se sente abolida no campo simbólico, ou seja, na própria fala, que pode endereçar, que ela procura, então, transmitir a sua mensagem em ações sistemáticas de destruição.

Toda existência de sujeito lhe é, de certa maneira, negada. Ela só tem sentido para a mãe quando serve ao desejo desta.

Emilienne, uma pequena dona de casa de 5 anos, conserva no fundo das suas mentiras uma calma, uma tranquilidade que o delinquente não possui.

Muito bem-dotada intelectualmente, não tarda a se tornar uma aluna exemplar. Será impossível reintegrá-la, mesmo por apenas um dia, ao ambiente familiar sem que recomece a tarefa de destruição.

Caso 22: Fobia

Christian, de 5 anos, não pode deixar a mãe, sendo tomado de pânico toda vez que se separa dela. Ora, o que me surpreende de imediato é a que ponto esse comportamento fóbico é *induzido* pela mãe. "Você vai ficar sozinho enquanto eu vou falar com a senhora. Não tenha medo, meu coraçãozinho, não virá nenhuma pessoa má."

Berros da criança, até então muito calma.

Quando bebê, Christian era um pequeno vomitador. Foi em seguida confiado a uma babá não afetuosa e que não falava. Quando a mãe o retoma aos 4 anos e meio, o menino apresenta um sério atraso de linguagem. Na pracinha, nega-se a brincar com as crianças: "A senhora entende; ele gosta de brigar, mas eu não quero isso."

O pai de Christian foi marcado na juventude por um drama familiar sobre o qual não quer falar. Ele vive só para o trabalho; é taciturno, sem amigos.

A mãe sofre de desmaios desde os 15 anos. Não tem amigas, o casamento a isolou de todos.

O menino se acalma. Quando volto a trazer a mãe, está ocupado com revistas ilustradas que a secretária lhe deu.

Peço a Christian que me siga para batermos um papo. Levanta-se sem dificuldades, quando a mãe de novo intervém: "Vai, meu anjo, meu santinho; não vão te dar injeção."

Berros do menino.

Sem ter analisado o sujeito, já posso registrar um tipo muito especial de relação mãe-filho: são os fantasmas de agressão da mãe que mergulham a criança na angústia repentina de ser agredida, e de onde vem a fusão com a mãe para evitar qualquer ameaça.

A Situação 37

Durante a entrevista, Christian me informa que é enurético. "Isso o aborrece?"

"Mamãe é que cuida disso; não eu."

O menino admira o pai, mas esse parece distante demais, e Christian pressente que a única pessoa com quem está envolvido é a mãe.

Todas as figuras femininas do TAT[17] são vistas como más, "pois são contra os meninos e contra as bagunças".

A natureza do perigo vem quase à consciência do sujeito. Ele deseja crescer e tornar-se senhor da sua sexualidade desde que lhe deixemos essa possibilidade.

Uma análise pode ajudar a criança a começar um percurso impedido pela atitude hiperansiosa da mãe.

Por meio do seu sintoma, a criança expressa de maneira bastante clara a ansiedade materna. Podemos inclusive apontar de passagem o sentido desta frase: "Meu pênis diz respeito à mamãe, e não a mim." Essa mãe, sempre à beira do desfalecimento, recebe aqui do filho um sexo masculino de presente. Estabelece-se um elo em que um não pode dispensar o outro sem se sentir em perigo.

O tema fantasmático construído pelo menino parece girar em torno de uma recusa a vislumbrar o problema da castração no Outro. Ao dar o seu pênis à mãe, ele a institui como mãe poderosa, mas isso provoca em Christian uma recusa a propor-lhe o problema de sua própria posição. A criança deseja que essa garantia de mãe poderosa se apoie em outra garantia: a de que

---

[17]TAT, *Thematic Aperception Test*. Teste projetivo elaborado em 1935 por Morgan e Murray. Em 1943, Murray o publicou em sua forma definitiva, acompanhado de um manual de utilização. Uma edição brasileira do trabalho de Murray foi publicada pela editora Mestre Jou, com o título de *Testes de Apercepção Temática* (TAT). São Paulo, 1973, trad. de Álvaro Cabral.

ela não seja ameaçadora, e isso pode ser comprovado por meio de seus pedidos de ajuda.

Para conservar o amor da mãe, Christian inicia um jogo de engodo muito particular. Há uma cumplicidade mãe-filho em torno do sintoma e da recusa quanto a ver instaurar-se uma ordem diferente, na qual o lugar do pai estaria marcado. Christian tem muita vontade de identificar-se com um pai valoroso, mas teme deixar a mãe sozinha, na luta contra os seus desmaios... E de arriscar assim com ela Deus sabe o quê.

III. Reações somáticas

Caso 23: A incontinência

Charles, de 6 anos, é trazido ao consultório devido à sua incontinência. O pai do menino passa a maior parte do ano na África. A mãe vive sozinha com os dois filhos (Charles e uma menina de 1 ano). A vida de dona de casa, as longas ausências do marido a "sobrecarregaram". "Se não tivesse tido filhos, eu poderia ter acompanhado meu marido em suas viagens."

Desorientada, isolada, sem trabalho e sem amigos, a Sra. X vai fazer as crianças pagarem o ônus da sua presença.

Charles não tem a menor liberdade psicomotora. Instável, disritmado, é castigado tanto em casa como na escola. Entretanto, nada lhe parece dizer respeito. "Ele é blindado", diz a mãe; realmente ele está *em outro lugar*; está *em outro lugar* até mesmo na consciência que poderia ter do seu corpo. "Quando vai ao banheiro", acrescenta a mãe, "nunca sabe se fez xixi ou não. Ele passaria o dia inteiro sem fazer, se não o obrigássemos". Mas aí está: nós o *obrigamos*, o menino aceita e, ao mesmo tempo, esquiva-se; esse pênis lhe diz tão pouco respeito que não pode dizer o que fez com ele. Então devo falar disso? O que ele faz com o seu pênis, afinal de contas, diz respeito somente a ele.

De fato, a incontinência noturna se torna um estado diante do qual a criança não reage. Por que reagiria? A sua única maneira de não entrar no desejo da mãe não é justamente fazer-se de morto, guardar uma distância em relação a esse corpo que, em grau tão elevado, diz respeito à mãe? Que a envolve de tal maneira que ela não lê mais, que ela já não existe para além dos filhos. E, Charles, por sua vez, também não tem pensamentos para além de sua mãe. "Não posso saber, porque não aprendi as palavras necessárias; não me disseram a ideia que eu devia ter, então não posso."

Contudo, Charles fala, fala muito. Cerca-se de um mar de palavras à guisa de defesa contra uma situação sentida como ameaçadora (relação com uma mãe castradora, sem a intervenção da figura paterna).

"Eu quero", diz Charles, "me tornar uma grande pessoa que nem mamãe." No entanto, ele se opõe a ela, revolta-se e a desafia: "Você pode me dar palmadas que eu não vou chorar."

Não obstante o pai existe, visto que o menino relata as viagens e feitos dele. Tem orgulho do pai, o qual, porém, continua a ser uma figura masculina inatingível; Charles não consegue aceitar-se em um devir de homem. Ele permanece voluntariamente esquivo tanto no plano intelectual como na tomada de consciência do seu corpo de menino.

O sintoma *incontinência* é aqui, para o sujeito, a expressão de uma recusa ao confronto com a figura masculina. "O meu corpo", parece me dizer a criança, "eu deixo para minha mãe, eu fujo, e é dessa maneira que fico protegido das ameaças e do medo".

Somente uma análise pode prestar socorro à criança. A mãe, no entanto, só consegue responder com lágrimas às propostas de tratamento.

O que então ela veio procurar? Ajuda para si própria por intermédio desse menino, que é uma testemunha da aflição em que ela se encontra. Uma ajuda? Nem mesmo isso é certo.

Ela já não sabe por que veio desde o instante em que algo de positivo lhe foi proposto. "Não aguento mais, e é no meu filho que nós pensamos."

Foi somente por intermédio desse filho que a Sra. X pôde formular o seu problema, sem, no entanto, estar pronta para uma análise pessoal; ela necessita desse filho como um fetiche, para traduzir a sua aflição. Se lhe tiram isso, sente-se tomada de angústia.

No presente caso, em razão da ausência do pai, só se pode esperar que a mãe seja capaz, um dia, de aceitar a ideia de uma existência própria, independente da existência dos filhos. Somente nesse momento, e com essa condição, o tratamento da criança e mesmo a assistência à mãe seriam possíveis.

Caso 24: Enxaqueca

Monique é uma menina de 12 anos que foi trazida para a consulta em razão do seu sofrimento devido a uma enxaqueca resistente a todos os tratamentos. O rendimento escolar dessa criança inteligente encontra-se comprometido.

Monique se apresenta a mim por meio dos seus sintomas somáticos: o início das dores de cabeça aos 6 anos, ao entrar para a escola, tornando-se, ao mesmo tempo, asmática. A criança relaciona essa asma à asma da mãe e explica como a genitora vem ficar junto dela na cama, nas noites em que a asma e as dores de cabeça são violentas demais.

O pai aparece afastado, em uma família dominada pela mãe e pelos avós maternos. "Meu pai nunca está em casa; nada tem a dizer. Ele não fala mais. Só esquece a sua tristeza no trabalho." "Mais tarde", acrescenta a menina, "quando eu me casar, não vou carregar comigo os meus pais, como a mamãe. Mamãe, aliás, tem sempre a necessidade de alguém. Quando não são os pais dela, sou eu. E, é claro, como estou o tempo todo doente, ela se aproveita".

A Situação 41

Objeto fóbico de uma mãe dependente e autoritária, assim se apresenta Monique. A exclusão do pai é por ela lucidamente sublinhada.

"De 15 em 15 minutos, mamãe me pergunta se estou com dor de cabeça. Papai não concorda, mas não é ele quem manda. Então, mamãe me interroga, me faz tomar comprimidos; é para o meu bem que ela sempre quer me fazer alguma coisa."

Monique não tem direito de praticar esportes ou de dedicar-se à música. Tudo lhe é proibido em função da sua enfermidade orgânica. Monique não tem desejos; ela *é* o desejo materno.

O seu mal-estar orgânico é a expressão da ansiedade da mãe. A criança, com o seu corpo, traduz uma angústia que tem sua origem na mãe. A ausência de um pai interditor marca, na criança, a ausência de qualquer mediação simbólica.[18] O que não pode ser expresso em palavras é vivido como mal-estar do corpo.

Monique parece entrever o perigo ao começar uma anorexia: "Na casa dos outros eu posso comer, mas não na minha."

Contudo, responde a mãe, o que fazer "se ela me disser um dia: na casa dos outros eu posso viver, mas não na minha"?

Ali se encontra, com efeito, o próprio nó do problema, e a mãe parece finalmente querer tomar consciência dele. "Eu sempre lhe disse", replica o marido, "que a menina servia para você se afastar de mim". A mãe, então, chora baixinho; ela não quer que tudo isso possa ser verdadeiro. Enfim confessa, a contragosto, as suas crises fóbicas, assim como a maneira como ela se defende delas

---

[18] O ensino de Lacan se dedicou, em 1950, à distinção entre o simbólico, o imaginário e o real. Ele estudou a posição do Pai na relação mãe-criança e identificou os fatores que permitem o acesso à "ordem da cultura, da linguagem, da Lei", isto é, o acesso a um mundo carregado de sentido. Esse ponto de referência – que é o significante paterno – constitui para a criança um elemento essencial que vai permitir-lhe deixar o mundo fechado materno para entrar como *sujeito* no universo dos signos.

usando os filhos (o mais velho é uma criança-problema; o mais novo também começa uma anorexia).

Uma análise para Monique? Talvez, mas, para além de Monique, se a mãe não se modifica, é todo o equilíbrio familiar que corre o risco de se comprometer cada vez mais.

Os sintomas de Monique surgem aqui como sinal de alarme, ao denunciar um mal-estar que se localiza em outra parte.

Caso 25: Incontinência e magreza patológica

Arthur, 7 anos, chamado por sua família de "bebê", é o segundo de quatro irmãos. "Ele não distingue 'o avesso do direito, nem a esquerda da direita'", diz a mãe. Com um quadro de depressão grave durante a gestação, a jovem mulher teve receio de que ele nascesse com malformação.

Criado por uma série de babás rigorosas, em regiões e climas diferentes, Arthur "cresce" mal: anorético até os 3 anos, só começa a falar aos 4. O irmão mais velho, inteligente, é rejeitado pelos pais e quase não vive com eles (é criado pelos avós). Arthur se vê assim, como o único menino entre as duas irmãs mais jovens. Foi, então, como criança doente que ele encontrou o seu lugar na família.

Durante o atendimento, ele se mostra temeroso, em estado de pânico, sempre que uma opinião pessoal lhe é requisitada. Rói as unhas, desviando o olhar. De inteligência normal, esse menino de 7 anos tem o comportamento de um uma criança com deficiência intelectual, tão regredida é a sua conduta. Toda afetividade é desprovida de cor; há falta de vida. Toda virilidade está bloqueada: nos desenhos, as árvores estão cortadas, os soldadinhos não têm braços, e as crianças aparecem sem as mãos.

Arthur mais parece uma estátua do que um ser vivo e foi desse modo que ele caiu nas graças da mãe (criada sem pai por um casal homossexual).

A Situação 43

Fóbico, sensível diante do menor ataque dos colegas, Arthur tem muitas dificuldades em seu desenvolvimento.

Uma análise é indicada, mas ela não pode ser posta em prática sem que a mãe aceite ser colocada em questão. A enfermidade orgânica da criança mascara, nesse caso, a angústia materna. É na linguagem do corpo que a criança exprime ou traduz o sofrimento da mãe. "Meu filho sou eu; somos parecidos." Essa frase resume, na sua própria simplicidade, a relação mãe-filho e tudo o que esse vínculo suporta poderosamente como drama, incompreensão, mal-entendidos e *nonsense*.

Em todos esses casos, os pais estão ausentes, talvez porque já tenham desistido de se fazer ouvir.

Caso 26: Anorexia e insônia

Paul, 2 anos e meio, está às vésperas de uma nova hospitalização. O pediatra, diante da indecisão do pai, sugere que se consulte um psicanalista. O mais novo de seis irmãos, Paul tem insônia desde que nasceu. Começa uma anorexia no momento das entrevistas preliminares.

Nascido com uma alergia de pele, aos 10 meses começou a ter crises de violência contra si mesmo: batia na própria cabeça com o risco de se ferir (isso coincide curiosamente com a cura da alergia). Ministra-se Librium®* à criança nesse momento, mas espasmos de soluço logo começam a aparecer. Diante da mãe transtornada, o filho chega a perder de todo a consciência, com emissão de urina. O psiquiatra consultado nessa época sentenciou: "Essa criança vai acabar com a senhora, se antes a senhora não acabar com ela. Não há tempo a perder." É em uma relação de força que mãe e filho vão desde então se enfrentar.

---

*Nota da Revisora Técnica: Librium® é o nome comercial para a substância clorodiazepóxido. Esse é um benzodiazepínico utilizado para o tratamento de transtorno de ansiedade com efeitos ansiolíticos e sedativos.

Paul está então com 10 meses: "Em cada crise, dão-lhe brometo",* acrescenta a mãe.

Como ele reage a isso?

"Com ereção e masturbação aos 18 meses."

O psiquiatra, novamente consultado, explica, diante da criança, em que consistem a ereção e a dor. Essa dor que lhe *assusta*.

Paul completou 2 anos. Sai dessa consulta guardando o ensinamento do médico, e, desde então, todas as noites a mãe vai ser acordada por uma criança com ereção que lhe diz: "Está doendo", e volta a adormecer... depois de lhe "contar".

O equilíbrio emocional da mãe acha-se comprometido, e, para que ela volte a recuperar o sono, o bebê é enviado a uma instituição infantil. Nesse momento, Paul consegue (à semelhança da mãe) conciliar o sono, porém perde a fala.

Reintegrado à família aos 2 anos e meio, ele recomeça a falar, mas perde o sono e rejeita a comida, fazendo oposição a tudo.

Possessivo em relação à mãe, Paul não admite que ela cuide de outra criança a não ser dele. Sem demora, a angústia de retornar à sua casa vai traduzir-se em diversas indisposições somáticas, entre as quais uma laringite estridulosa que instala o pânico na mãe.

Diante dessa angústia que a criança tem o dom de lhe causar, a mãe tem a vaga impressão de já ter vivido alguma coisa dessa ordem durante a gravidez: "Desde o 5º mês, fiquei com a barriga muito dura, tinha tantas contrações uterinas que julgava ter perdido o filho. Durante o parto, ele não queria sair, por isso foi preciso forçá-lo."

E será desde o princípio que Paul, lembremos, vai mostrar-se insone, contraditório e propenso a episódios de vômito. A sua

---

*Nota da Revisora Técnica: Brometo de ipratrópio é uma solução usada em inalação, indicada como broncodilatador para tratamento de doenças pulmonares, incluindo broncospasmos agudos (falta de ar repentina).

fragilidade física o destina a ser o objeto da mãe, sem intervenção suficiente da figura paterna. As múltiplas consultas médicas criam uma conspiração de adultos em torno da criança, na ausência do pai.

Quando a mãe vem consultar-me, Paul se encontra, lembremos, às vésperas de uma hospitalização por uma série de distúrbios psicossomáticos (entre os quais insônia e anorexia) que deixam os médicos perplexos. O pai se opõe a toda ideia de hospitalização, como se opusera a mandar a criança para uma instituição infantil.

É em torno do *tema do pai* que vai se desenvolver o cerne das duas entrevistas que tenho em particular com a mãe. Isso a leva, por sua vez, à seguinte reflexão: "Eu me esqueço de Paul na companhia dos meus filhos mais velhos. É quando ele se torna difícil que eu me lembro da sua existência."

Paul é muito ligado ao pai, a quem raras vezes vê. A rotina do menino é concebida de tal maneira que ele praticamente não tem contato com os adultos. A mãe faz questão absoluta de respeitar um programa estabelecido de modo arbitrário, por temer "que a criança a domine".

Dou à mãe os seguintes conselhos:

- 1º: Liberdade total, desde que essa liberdade não prejudique os outros (direito de não dormir, de não comer, de não tomar banho, contanto que não seja criado um ritmo de vida "à parte" em função dos caprichos da criança).
- 2º: Se Paul chamar durante a noite, quem deve levantar-se é o pai e dizer: "Você pode fazer o que quiser, mas me deixe dormir com minha mulher... nós precisamos dormir."

"Quem é tua mulher?", pergunta Paul ao pai. "É tua mãe."

"Ah, não! Ela é *minha* mulher."

Sem que eu tenha tido necessidade de ver a criança, todos os distúrbios cessam como que por encanto.

Posteriormente, uma nova crise de laringite estridulosa provoca o reaparecimento dos antigos distúrbios, e eu concordo em ver o menino.

Vejo-o com sua mãe e faço-lhe, em linguagem de adulto, o resumo dos seus sintomas desde que nasceu, salientando a relação a dois que se criou assim com a mãe, e sobre o caráter *incômodo* da ausência de linguagem no bebê. A criança deixa então o colo da mãe e inicia um longo diálogo totalmente incompreensível para mim.

Respondo: "Eu gostaria muito de falar a respeito disso tudo com papai." "Ah, não. Paul é que é o chefão."

Respondo: "Não, o chefão é papai. Ele achou que a mamãe era muito velha para levar umas palmadas e por isso deixou que Paul e mamãe se virassem. Mas papai bem sabe que, se as coisas derem errado, ele pode dar palmadas na mamãe e em Paul, pois os dois devem obedecer ao papai."

"Ah, não, mamãe é boazinha. Paul é o chefão de mamãe."

Na sessão seguinte (10 dias depois), Paul me entrega uma carta de seu pai. Satisfeitíssimo com a mudança, ele nota "um progresso assombroso na conversação". Nesse meio-tempo, Paul frequenta a escola maternal do bairro...

Espontaneamente, a criança traz o tema "Paul é chefão; papai não deve dar as ordens". Isso me é confirmado pela mãe quando me fala do abandono total em que se encontrava a criança ao nascer: "Eu entregava o cuidado de Paul à minha filha e às empregadas."

A criança prossegue: "Não dormir não é bom."

Respondo: "Não há *mal* algum em não dormir; é apenas incômodo." Segue-se todo um animado discurso da criança, que não compreendo, mas anoto...

Três ou quatro consultas psicanalíticas foram suficientes para evitar que recomeçasse a série de hospitalizações e os seus efeitos neuróticos desagradáveis.

A Situação 47

Paul conserva certamente à sua disposição uma grande facilidade de conversão psicossomática. Ao isolarmos os sintomas de uma criança para quem esses têm um sentido na sua relação com a família, provocamos mal-entendidos e lhe fechamos uma possibilidade de acesso ao mundo simbólico.

Os sintomas de Paul desapareceram porque a analista deles se serviu como de uma linguagem, procurando introduzir um sentido no ponto em que a criança havia parado, imobilizada pelo pânico diante da amplitude das suas exigências libidinais. Ao culpá-la por suas exigências, só poderíamos levar a criança a prosseguir sua luta no campo somático, reforçando as suas defesas. Foi precisamente isso que procurei evitar.

Somente o acesso à palavra (revelando o desejo oculto de Paul: ser o chefão de mamãe) pôde ajudá-lo a tomar distância de uma angústia vivida como mal-estar do corpo.

Caso 27: Mutismo

Raoul tem 4 anos e não fala. É o caçula de uma família de seis crianças. Alegre, de trato fácil, aceita as bagunças com os irmãos. Muito ativo, as suas atividades são exclusivamente cópias das de sua mãe. Procura monopolizar a atenção dela e, longe da sua presença, tem medo de escuro, da água, dos animais.

Uma septicemia aos 15 dias de vida veio prejudicar o desenvolvimento físico da criança. Uma separação com 1 ano, por razão de saúde, encerrou um período penoso em que os cuidados com a saúde do bebê prendiam a atenção dos que o cercavam.

Raoul retorna da instituição infantil já sabendo andar, embora não utilize os braços, como se fossem para ele um corpo estranho e incômodo. Aos 18 meses, instala-se uma anorexia que cede de modo espontâneo no dia em que o pai retorna à família. O menino inicia então episódios de cóleras ruidosas, seguidas de sono. As cenas terminam facilmente quando o pai aparece.

O excesso de cuidados maternos é felizmente contrabalançado pela atitude rígida do pai (no entanto, o estado delicado de saúde de Raoul faz dele o objeto eleito da mãe). O exame da criança é quase impossível de realizar. Quando vejo Raoul na presença da mãe, ele chupa o polegar e a "parasita". Se o vejo sozinho, ele rola no chão, contrapõe um *não* sonoro a todas as minhas perguntas, alternando pontapés com uma atitude regressiva. Quando chamo de volta à mãe, ele se encontra em um estado de ansiedade patológica, rejeita qualquer atividade e procura refúgio no colo materno, onde adormece, enrolado em si mesmo, de polegar na boca. Se lhe dirijo a palavra, Raoul se projeta sobre a mãe e chora. Se lhe peço que desenhe, estende o papel e o lápis à mãe para que ela faça o desenho. Ele acaba me desenhando um boneco, representação da imagem de um corpo fragmentado. Se utiliza massa de modelar, tudo fica igualmente fragmentado. O nível intelectual de Raoul parece normal; a ausência de linguagem, nesse caso, acentua uma grave estrutura fóbica. A criança não pode assumir a sua agressividade, sob pena do medo de perder a mãe.

O tema central das produções plásticas dele, que, como dissemos, eram todas imagens de corpos fragmentados, era um disco encimado por um falo *arrancado* de sua base. Podemos nos perguntar se a separação precoce da criança não foi vivida por ela como uma mutilação impossível de assumir. Para que a mãe continue a viver para Raoul, foi preciso introduzir entre ele e ela alguma coisa da ordem da morte (o seu sono, o seu mutismo). É nessa morte que o sujeito encontra uma possibilidade de eternizar o seu desejo, podendo assim acessar o mundo dos símbolos que havia corrido o risco de desaparecer com a perda da mãe. As suas cóleras e a sua rejeição da mãe nada mais são que o inverso do desejo da presença materna. Se as cóleras com a mãe terminam em sono (ou seja, em uma espécie de união com a mãe), as que visam ao pai têm por objetivo a introdução de um terceiro termo: uma instância superior que lhe faça a Lei e o devolva assim à sua condição de sujeito.

Raoul procura visivelmente ser marcado pela ameaça paterna para que, por meio dela, o seu desejo possa formular-se. Mas ele esbarra então na mãe, que teme para o filho doente toda e qualquer intervenção da Lei, privando-o ao mesmo tempo de toda possibilidade de identificação com o pai.

O papel de uma análise, nesse caso, seria justamente o de ajudar a criança a resolver corretamente o seu Édipo, introduzindo-o na linguagem dos desejos de morte ou de assassinato, vividos no nível do corpo.

É tão somente em uma dialética verbal que Raoul pode chegar a assumir-se em uma sexualidade de menino, a palavra tomando então o lugar de um sintoma, para superar os seus efeitos neuróticos.

As informações recebidas posteriormente (da análise que se encarregou da criança) vieram confirmar a exatidão da compreensão psicanalítica do caso, tal como me foi possível obter na primeira consulta.

Foi no dia em que os desejos de morte puderam tornar-se conscientes que a criança, sem demora, adquiriu a linguagem, *e isso, por meio de uma inversão total de sons*. No dia em que o confronto com o pai foi possível, Raoul abandonou uma forma de dislexia puramente reativa.

Caso 28: Atraso de linguagem
Lina tem 4 anos. Inteligente e vivaz, ela apresenta um sério atraso de linguagem. A sua instabilidade e os seus distúrbios de comportamento tornam problemática toda e qualquer inserção escolar. A criança tem uma irmã 3 anos mais velha, grande fóbica. Nasceu

durante uma fase particularmente dramática da vida da mãe (divorciada, sem ter onde dormir, sem recursos). Indesejada, Lina cresceu, entretanto, sem problemas até completar 1 ano. Colocada em uma instituição infantil na serra, a criança perde, então, a sua alegria. Permanece por mais de 1 ano nesse lugar e definha fisicamente (sem que os médicos descubram qualquer causa para isso).

A mãe recupera a filha já com 2 anos e meio, coberta de furúnculos e com incontinências diurna e noturna. Nesse meio-tempo, a mãe se casou pela segunda vez. Lina passa a dividir um quarto com a irmã na nova moradia. Uma pessoa idosa cuida das crianças, e Lina, pouco a pouco, vai reencontrando certo equilíbrio e recuperando sobretudo a saúde. Linguagem praticamente não há. A mãe, com grande participação na vida profissional do marido, só cuida das crianças aos domingos. "O domingo", diz ela, "é para mim um verdadeiro pesadelo; Lina se agarra a mim, não me dá um momento de descanso".

Os dois pais tiveram uma infância triste, marcada tanto para um como para outro pelo divórcio dos próprios pais e pelo quase estado de abandono em que a separação os mergulhou. Com poucos atributos para serem pais, imaturos por serem pais tão cedo, não toleram qualquer restrição por parte das crianças.

Lina, menininha esperta e persistente nos seus jogos, fica perdida sem a presença de um adulto. Ela passa a maior parte do seu tempo a quebrar os objetos, a perdê-los. Trata-se, de fato, de assegurar assim a perenidade de uma presença.

Uma análise parece aqui indispensável para ajudar a criança a superar um período traumático (perda da mãe) quando ela só teve à sua disposição o seu próprio corpo para expressar o seu sofrimento. (Não podemos esquecer que a separação foi vivida como uma agressão somática.) Atualmente, ainda lhe falta a linguagem: no dia em que, pela Palavra, Lina puder exprimir o seu desespero (agressividade), ela não terá mais necessidade de parasitar um adulto para sentir-se em segurança.

IV. Estados pré-psicóticos e psicóticos

Caso 29: Início de uma psicose

Noëlla, 4 anos, é a penúltima de cinco irmãos (os dois últimos nasceram por descuido). A mãe, muito ocupada com a vida profissional, não desejava ter mais do que três filhos. Uma quarta gravidez colocou-a em grave estado de depressão. "Eu tinha a impressão", diz ela, "de que alguma coisa aconteceria".

Desde o nascimento, o bebê ficou separado da mãe, que ainda permanece em tratamento psiquiátrico pelo episódio depressivo que, à época do parto, traduziu-se em uma crise psicótica.

Entregue a uma ama de leite, a criança apresenta, desde o início, dificuldades alimentares. "No mais", dizia o pai, "ela era uma pequenininha que não se mexia".

Quando Noëlla completa 6 meses, a mãe se reintegra ao lar, retomando a sua vida profissional. Engravida pouco tempo depois (suporta essa gravidez com resignação), deixando Noëlla aos cuidados de uma ama de leite, que também cuidará do futuro irmãozinho. A mãe escolheu esse meio-termo: aceitar ter as duas crianças, mas não criar aquelas que não quis pôr no mundo. Seu marido, órfão de pai desde muito cedo, trata bem das crianças e é particularmente apegado a Noëlla. Faz tudo o que ela quer, deixa-se arranhar, morder. Censura a mulher por não amar a criança, durante os raros momentos em que a filha vem à casa deles.

"O que a senhora quer?", pergunta-me a mãe. "Aquela menina não me atrai; não há nada que me impulsione em direção a ela." Mimada durante a juventude, a Sra. X nunca pôde decidir tornar-se "uma dona de casa", como era do agrado do marido.

"Ser uma dona de casa, ter sempre um pouco menos de dinheiro do que se necessita, ter sempre de privar as crianças e a si própria de alguma coisa é uma armadilha na qual me recuso a cair. Dizem que sou uma mãe má. No restaurante, sou responsável por 30 refeições diárias. Quase não tenho ajuda. O meu tempo livre é para os meus filhos. Gostaria de não ter todo o meu tempo livre devorado por eles. Ler um pouco, ficar em contato com o mundo. Os três mais velhos eu assumo. Os dois últimos, os que vieram depois, estão acima das minhas forças. Se eu perder a razão, quem ganhará com isso? Moro em uma cidade isolada. Meu marido só vai para casa duas vezes por semana. Sou capaz de fazer tudo o que me propus a fazer ao mesmo tempo. No entanto, agora, sinto que preciso lutar para me salvar."

"Essa pequenininha", acrescenta o pai, "provocou a nossa desunião".

E, aproveitando-se disso, fala-me da sua infância infeliz, da perda de um pai "amado pelos homens e pelos animais", de uma tia inválida, que ocupou para ele o lugar de uma mãe pouco afetuosa.

O fato de sua mulher não querer mais ter filhos é sentido por ele como o sinal de que ela, a exemplo de sua própria genitora, é uma mãe má. (A ida dos mais velhos para o colégio interno evoca para ele a Previdência Social... ou seja, as profecias da tia: "Tua mãe é bem capaz de te entregar a um orfanato da Previdência, agora que teu pobre pai não está mais entre nós.")

O problema de Noëlla, menina psicótica, não tardou a desaparecer por trás do sério problema do casal. E foi o problema do casal que eu examinei durante uma entrevista de mais de 3 horas. Era importante antes de tudo mostrar ao pai o drama pessoal que se desenrolava na pessoa da filha com deficiência e revalorizar, aos seus olhos, uma mãe neurótica sem dúvida, mas cujo equilíbrio devia ser mantido no que ela era capaz de dar e de assumir.

Noëlla arcava com o ônus de ter sido, com a sua vinda ao mundo, a marca da discórdia do casal. Isso a mãe não lhe perdoou de modo algum; e Noëlla foi sempre, no casal, o motivo das brigas, o objeto de um aumento de amor ou de ódio. Em resposta, Noëlla se fazia ausente a toda presença humana.

Uma análise da criança impõe-se sem a menor dúvida. Mas como fazer isso a 300 km de Paris? Tudo o que se podia fazer era devolver um pouco de paz ao coração dos pais.

Caso 30: *Uma criança psicótica*

Henri, de 8 anos, foi levado ao meu consultório por um parente distante. Ele é o membro mais novo de uma família numerosa (todos os irmãos são casados, salvo um de 25 anos com deficiência mental grave, que mora com os pais).

Henri é o caçulinha; vive em uma cidade distante, com os pais idosos; um pai "ausente", obcecado pela ideia da morte próxima, e uma mãe muito ansiosa, que sufoca a criança com um excesso de atenções. Henri é o confidente da mãe e participa dos seus temores, esperanças e sonhos. Tem um lugar definido nos fantasmas maternos.

Ouçamos o seu discurso:

"Papai devia ser cirurgião, mas fizeram dele um clínico geral. Depois o aposentaram, e ele cultiva macieiras. Atualmente passou a ser médico da Previdência Social. Meu irmão de 25 anos fez progressos; aprendeu a limpar a casa. Sempre lhe damos alguma coisa para fazer, e ele não leva uma vida infantil. Não é que nem a tia de minha nora. Ela não sabe ler, apesar de ter 40 anos, e brinca de boneca. Meu irmão dorme e toma remédios, coisa que, aliás, também faço. Estou cansado, o que é um mau sinal para mim. Sinto sede o tempo todo. Você vai me dizer o que é preciso. Tenho também uma coisa curiosa e é meu pai que trata; ele passa pomada. Toda vez que há um homem que mata sua mulher, minha mãe me avisa. Então eu digo à mamãe: 'Cá entre nós, por que se casam, se vão brigar?' Nos sonhos, quem morre é a mamãe; entre meu irmão infantil e meu pai, eu não consigo viver. Então, mandam-me escolher com quem eu quero viver. Se é com a minha irmã, que a senhora já conhece, ou com a minha cunhada. Uma criança sem pais, eu compreenderia se ela quisesse ir embora com a sua filha."

"As pessoas que se separam, é assim como a OAS:* as pessoas brigam, mas aquele que está chateado não quer se separar, então tudo continua. Enquanto, para o divórcio, nada se pode fazer. Nós passamos a ser dois sozinhos em uma casa, para sempre; o casamento é feito para isso."

Vemos Henri alienado nas preocupações maternas a ponto de não poder mais situar-se em uma linhagem: é ele o filho, a filha, o pai ou o companheiro da mãe? Ele é, talvez, tudo isso ao mesmo tempo e, enquanto tal, perdido como sujeito.

Esse discurso não é a sua palavra; é uma palavra impessoal que não lhe pertence, a palavra de outro, de todos os outros. O registro que ele dá aí não é de sua autoria.

Nesse discurso que não lhe pertence, a criança expõe, no entanto, o seu drama, o drama de espectador em uma família que despiu a vida de todo o seu sentido. O que é o casamento? "A gente passa a ser dois, em uma casa, sozinhos para sempre; o casamento é feito para isso."

Também Henri escolheu uma forma de solidão para não sofrer com o papel de fantoche que lhe é atribuído. Ele ingressou no mundo da loucura.

Somente uma análise pode tirá-lo de lá.

Por sorte, um parente está prestes a acolhê-lo em Paris, a fim de permitir que ele prossiga um tratamento. Quanto aos pais, não

---

*Nota do Tradutor: OAS, Organisation de l'Armée Sécrète.

percebem muito bem o que lhes aconteceu. Já romperam relações com os seres humanos; a vida e a morte são para eles um mesmo mundo. Essa criança os encantava, mas, se é melhor que ela vá embora, assim seja. Entretanto, com ela, quem parte é o último interlocutor que restava aos pais. Desse momento em diante, somente o filho com deficiência está presente para receber as suas confidências e cultivar com eles as flores e as plantas da propriedade.

* * *

Trinta consultas... Todos os pais me são encaminhados por médicos, pediatras ou psiquiatras que, um dia, diante de tal criança, hesitaram em prosseguir um tratamento tradicional. Eles levantaram a questão de saber o que o sintoma podia ocultar como tensões ou como dramas. "É necessário", dizem-lhes, "mandar aplicar testes ao seu filho. Depois veremos o que convém fazer".

Testes, por que não? Trata-se, no senso comum de alguma coisa de objetivo, de impessoal, que permite dar uma resposta aos problemas dos pais, possibilitando até aliviá-los de toda e qualquer preocupação. *Textos,* dirão alguns, em outras palavras, como uma regra escrita, que viriam a substituir a Lei Paterna. A Instância Superior, é a isso que os pais recorrem, prontos para se demitirem ou para passarem o seu encargo a outro Responsável... "Os senhores devem passar a tratar", parecem dizer, "dessa criança (ou seja, da nossa angústia)".

Eu sou psicanalista. Isso me marcou para sempre nas minhas relações. Não acredito nos instrumentos de medida, ou melhor, só os utilizo durante uma entrevista se dispuser de muito tempo. Eu procuro, antes de mais nada, aprender, compreender, o discurso do Outro. É por meio da mentira que uma meia-verdade pode ser apreendida; verdade de hoje que talvez não seja mais a de amanhã, mas verdade em movimento, em busca de uma autenticidade. Foi isso que tentei apresentar nas páginas precedentes. Vamos tentar agora, indo além da concisão dessas notas tomadas, apurar um sentido.

CAPÍTULO 2

O Sentido do Sintoma

Agrupei ao acaso as entrevistas precedentes, obedecendo ao *motivo da consulta*. Dela se extrai uma classificação forçosamente arbitrária (uma vez que a queixa parental encobre com frequência sintomas mais sérios ou ao menos diferentes daqueles que motivam a consulta), classificação que, no entanto, vou respeitar atendendo à conveniência da exposição.

Pegando ao acaso as minhas fichas, trouxe à luz o problema das *dificuldades escolares e das dificuldades de comportamento* (que vão desde os transtornos de conduta até o comportamento antissocial e a delinquência). Aflorei a questão da *perversão*, da *fobia*; abordei casos de *reações somáticas* e o problema da psicose.

Essas crianças, reiteramos, eu só as vi em uma primeira consulta, o que equivale a declarar a insuficiência do material para tratá-las em seguida de maneira teórica. A minha intenção não é, evidentemente, desenvolver aqui a teoria psicanalítica das neuroses e das psicoses; antes, circunscrever uma questão que os próprios psicanalistas são às vezes levados a deixar de lado. Na clínica psicanalítica com crianças, por ocasião da primeira consulta, estamos submetidos à demanda dos pais, o que pode ser extremamente urgente. Tendemos, pois, em relação aos pais, a resvalar para uma posição de psiquiatra ou de psicopedagogo, com o risco de deixar escapar a dimensão essencial, que é justamente a apreensão psicanalítica do caso. É da sua posição de analista que o consultor pode evitar orientações precipitadas, intervenções impulsivas, bem como tentar fazer vislumbrar uma verdade em um lugar antes ocupado por uma mentira. Para isso, é ainda preciso que ele alcance uma compreensão suficientemente aprofundada da situação familiar. Nem todas as consultas resultam na indicação de um processo de análise, mas em todas certamente é possível salvaguardar a dimensão psicanalítica, ou até vir em auxílio do pediatra ou do médico de família que tem a seu cargo o tratamento da família.

* * *

Muitas vezes, é em um segundo tempo que os pais poderão formular de maneira correta a sua pergunta, de modo que permita a entrada do sujeito em análise.

Como disse anteriormente, as minhas notas, tomadas ao término da primeira consulta, resumem, na sua própria concisão, uma *situação*. Tentei explicar isso. Neste momento pretendo tentar compreender o que, em tal situação, pôde determinar, na criança, esse ou aquele distúrbio. É comum ouvir dizer que a toda criança-problema correspondem pais-problemas. É raro, com efeito, que não se perceba, por trás de um sintoma, certa *desordem familiar*. Entretanto, não é certo que essa desordem familiar tenha, por si mesma, uma relação direta de causa e efeito com os distúrbios da criança.[1]

O que se mostra prejudicial ao sujeito é a *recusa* dos pais de enxergar essa desordem, e os seus esforços, pela palavra, para alterar a ordem dos acontecimentos, o que, na verdade, não é apenas uma ordem.

Não é tanto o confronto da criança com uma verdade penosa que é traumatizante, mas o seu confronto com a "mentira" do

---

[1] Se essa desordem, na sua *realidade*, fosse a causa direta das dificuldades da criança, a prática psicanalítica seria bem inútil, já que bastaria corrigir uma situação problemática aconselhando medidas reais. No entanto, esse tipo de intervenção não é eficaz nos casos que são pertinentes à Psicanálise.

O Sentido do Sintoma 59

adulto (vale dizer, o seu fantasma). No seu sintoma, é exatamente essa mentira que ele presentifica. O que lhe faz mal não é tanto a situação real, mas aquilo que, nessa situação, não foi claramente verbalizado. É o *não dito* que assume aqui um certo relevo.

Por meio da situação familiar, a minha atenção vai, portanto, recair na *palavra* dos pais – e na da mãe em particular, pois veremos que a posição do pai para a criança vai depender do lugar que essa posição ocupa no discurso materno. E isso tem importância para a maneira como a criança vai poder, desde então, resolver corretamente ou não o seu Édipo, chegar ou não a processos bem-sucedidos de sublimação.

Tentemos agora rever os casos apresentados no capítulo anterior.

I. Dificuldades escolares

Escutemos em primeiro lugar o discurso da mãe:

"E pensar", acrescenta ela, "que tenho um irmão engenheiro e um filho assim." (Caso 1)

"O mais velho", dizem-me, "é o filho do pai; é brilhante. O mais novo é o filho da mãe; e infelizmente comecei uma série de coisas, mas nada terminei." (Caso 2)

"Quando estou deprimida, eu o ajudo em seus deveres, mas ele não quer mais saber do meu auxílio... Ora, para sua informação, o pai de Nicolas é uma criatura fraca, ausente, cansada, inútil." (Caso 3)

"Quando a gente sabe tudo", confessa Bernadette, aos 6 anos, "o que existe no fim é a morte". (Caso 5)

"Meu marido é um chato." "Que ideia ter casado com um cara assim!", diz a menina. (Caso 6)

"Trago-lhe minha filha por indicação do Dr. X, sem o consentimento do pai." (Caso 7)

Essas amostras são muito modestas para que possamos, a partir daí, fazer um estudo exaustivo do problema das dificuldades escolares. Como já disse, desde o começo, não é essa a minha intenção. Eu desejo apenas concentrar-me em um certo *cenário* que, em geral, encontra-se em toda situação neurotizante.

O que nos impressiona aqui?

De pronto somos apresentados (por meio do "sintoma escolar") ao mundo fantasmático da mãe. A criança tem por missão realizar os sonhos perdidos da genitora. O seu erro reside quase sempre em não aceitar colocar-se no lugar que lhe está reservado de antemão. Porque, se fizesse o jogo da mãe, a criança se veria imediatamente exposta a outros problemas bem mais graves, principalmente ao de um Édipo impossível. É assim que François (Caso 1) rejeita a figura do tio materno (proposta como ideal do eu pela mãe), centralizando, como que por acaso, as dificuldades de François em matemática. Todavia, pela culpa, ele se identifica com tudo aquilo que, na mãe, é deficiente, colocando-se, no fim das contas, sob a dependência dela, em vez de estar submetido à Lei do Pai. A identificação com uma figura masculina parece impossível em função da demissão paterna. "Quero tranquilidade", diz o pai, deixando desse modo a esposa como única responsável pelo destino do filho.

Resignado, velho antes do tempo, assim se afigura François. Os seus fracassos são uma forma desajeitada de defender-se contra a influência da mãe. Uma forma desajeitada, já que, de fato, ele se convertera no "seu" objeto exclusivo de preocupação.

Casal perfeito? Aos olhos do mundo, sem dúvida. O que ficou por dizer foi o lugar impossível reservado pela mãe ao marido. "Ele teria dado um padre bondoso e tímido." Isso equivaleria a convidar a criança a questionar a posição do pai e a sua própria. Para fazer isso, somente uma intervenção psicanalítica poderia ser verdadeiramente eficaz, ainda que fosse necessário que a mãe pudesse suportá-la. A criança, nesse caso, estava prestes a engajar-se em um circuito no qual conseguiria incluir uma imagem masculina estruturante; entretanto, o medo de fazer a mãe adoecer com a sua própria recuperação fez com que o filho retornasse a um lugar que desejaria ter renunciado. O pai era, sem dúvida, uma pessoa digna, mas, para a criança, ele já havia desistido de viver. O pai queria tanto para si uma paz absoluta que já vivia um gozo antecipado da morte.

Lembremos aqui como a entrevista sublinhou a própria história da mãe, que, NÃO sendo marcada por um pai, morto demasiadamente cedo, também não esteve disponível para deixar falar nela o seu marido. Embora se defenda disso, ela preferia a mãe ao marido, colocando de fato o filho em um lugar menor (inferior/secundário) ocupado por ela própria na infância. A imagem do irmão ideal achava-se, assim, salvaguardada por meio do filho. Para este, toda e qualquer identificação masculina era recusada. "Eu não sou um retardado", responde a criança, depois de eu ter verbalizado o conteúdo fantasmático da história familiar. A consulta decerto não foi inútil. Ela ressaltou, aos olhos de François, a fragilidade de uma mãe todo-poderosa e o papel impossível que ele era obrigado a desempenhar nesse contexto familiar. Entretanto, para que os pais aceitem a ideia de uma análise para o filho, é também necessário que tenham a coragem de ser deslocados (pelo filho) do conforto que dá a cumplicidade da mentira.

Vimos, no Caso 2, que as dificuldades escolares de Victor ocultavam um conflito de ciúme do irmão mais velho, que, com os seus êxitos, monopolizava toda a atenção do pai, impedindo assim, como ele acreditava, que o caçula tivesse qualquer acesso ao mundo paterno.

Essa situação de irmãos inimigos só pôde, porém, instalar-se em consequência da inabilidade do meio circundante, que fixava o primogênito na realidade e o caçula em estatuto fixo e imutável. Um se achava designado, *aos olhos dos outros*, como tendo saído ao pai, e o outro como tendo puxado à mãe. Se, para o mais velho, o caminho da identificação masculina se achava inteiramente traçado, o mesmo não acontecia com Victor. Renunciando a ficar preso nos limites maternos, ele procura em uma conduta de "falso durão" uma afirmação viril, como se tentasse dessa maneira desviar de si a fatalidade do destino. De fato, vimos que aquilo que Victor teme é tornar-se um fracassado, refletindo assim a angústia parental: "Ele só lembra ao meu marido os seus complexos", afirma-me a mãe.

Toda ideia de uma análise é, sem dúvida, rejeitada pelo sujeito, como se fosse a própria confissão de sua fraqueza.

É esse tipo de conflito que, infelizmente, produz os comportamentos a-sociais devido ao fato de as pessoas que o rodeiam não conseguirem perceber a tempo a gravidade da situação.

Teria sido necessário preocupar-se com a situação de Victor aos 7 anos. Agora, já adolescente amargurado pelos fracassos e por um futuro escolar claramente comprometido, ele desenvolveu defesas de cunho obsessivo. Essa é a resposta que ele alcança. Está longe de aceitar que alguém o questione. Enquanto Nicolas (Caso 3), da mesma idade e às voltas com dificuldades aparentemente idênticas, está pronto para permitir que alguém o ajude, e até mesmo para romper com o meio familiar sentido como patogênico.

De fato, a situação dos dois meninos é inteiramente distinta. Se Victor cresceu como um estranho para seu pai, Nicolas sempre se sentiu muito perto do dele. O fracasso escolar só foi verificado aos 15 anos, como eco, lembremos, à incapacidade da mãe de resignar-se à perda da irmã (ao perdê-la, ela perdeu todo o desejo de viver). Na verdade, uma série de circunstâncias provocou nos pais um episódio depressivo agudo com uma angústia de

O Sentido do Sintoma 63

morte que Nicolas não podia suportar conviver. Ele só pede que o deixem escapar dessa atmosfera sombria, já que somente um sentimento de culpa o reteria no lar. Sente confusamente que é a razão de viver dos seus pais, mas, tal como eles, percebe que, se consentir em tornar-se o objeto utilizado para lhes tamponar a angústia, estará fadado ao fracasso. O sintoma do declínio escolar de Victor é, na verdade, um sinal de alarme lançado por um adolescente que clama por ajuda.

Já os pais de Nicolas, ao contrário dos de Victor, estão conscientes do perigo e, paradoxalmente, é por causa da aflição do filho que aceitam, por conta própria, o tratamento psiquiátrico; mas, para que se sintam conscientes de seu próprio drama, é necessário que o filho o expresse.

As dificuldades escolares estrondosas de Martine (Caso 6) só surgiram para salientar uma situação familiar impossível. Elas são, para a menina, um apelo ao pai no sentido de que ele a reconheça, e ela utilizava todos os meios ao seu alcance para conseguir o que queria; para a mãe, uma espécie de advertência obrigando-a a desmascarar-se. "Meu marido é um chato!" "Que ideia ter casado com um cara assim!", diz a menina... Para Martine, trata-se quase de um convite ao divórcio endereçado à mãe. Foi preciso essa crise para que percebessem qual era efetivamente o problema em casa.

Foi também por causa de um declínio escolar reforçado por perturbações nervosas que Sabine (Caso 7) denunciou a mentira dos pais. "Vejam", ela parece dizer, "o lugar impossível que ocupo no coração da mamãe; lugar impossível na medida em que, para ela, eu vim substituir meu pai." O caráter de urgência enfatiza aqui mais um limiar de tolerância do que a gravidade do mal. É por esse motivo que era importante, na primeira consulta, que eu rompesse, mediante o meu apelo ao pai, um processo de cumplicidade mãe-médico, mãe-professor, que transformava essa menininha no objeto exclusivo de uma mãe neurótica. A recusa do pai ao tratamento psicanalítico é, nas suas consequências, menos grave do que a entrada nesse tratamento em cumplicidade com a mãe-médico contra o pai; isso equivaleria a ter criado para a criança uma situação perversa, sem outra saída para ela a não ser o nascimento de novos sintomas que parecem vir com muitas mensagens endereçadas ao pai, a fim de torná-lo ciente do que lhe foi mantido oculto.

É essa tomada de consciência de algo que poderia ser verdadeiro (mas que não lhe foi formulado) que provocou em Bernadette (Caso 5) a abrupta recusa de ir à escola sob a forma de uma crise fóbica. Ela nos diz claramente, lembremos, que a aprendizagem escolar, *o saber*, constitui um perigo.

"Quando a gente sabe tudo, o que existe no fim é a morte." A questão do *Nome do Pai*[2] foi com efeito exposta diante dela; eu diria *quase* para ela, na escola. Como dizê-lo à mãe, sem que morra de desgosto? Tal é a questão proposta por Bernadette (à sua mãe) quando um mal-estar se instala na relação das duas. Essa testemunha que ela busca para o seu mal-estar foi finalmente encontrada na pessoa da analista.

Ela precisava de um terceiro para que a sua questão ganhasse forma. Alguns meses de análise permitiram a essa criança sair das dificuldades (é mesmo certo que ela teve necessidade dessa crise fóbica para poder equacionar a sua relação impossível perante a Lei).

Vimos, ao longo dessas entrevistas centradas em dificuldades escolares, a que ponto o sintoma é uma linguagem que nos

---

[2] Como vimos na p. 12, a criança, tendo sido reconhecida pelo pai, passou a adotar o seu nome. Até entrar para a escola, era chamada apenas pelo nome de sua mãe. O ingresso na instituição de ensino vai coincidir com a revelação do *Nome do Pai* e com o que isso implica.

cabe decifrar. O sujeito propõe a sua questão por intermédio dos pais, a eles ou contra eles. O apelo à avaliação surge aí quase sem o conhecimento do sujeito.[3] A angústia é o seu motor, o sintoma aparece como uma solução; em outros momentos, como um pedido de ajuda. Em todos os casos, trata-se, para o sujeito, da busca de um reconhecimento – eu diria quase de uma tentativa de enunciar-se por meio de um símbolo.

Por isso é importante, para a consulta, entender essa mensagem no âmbito em que ela é efetivamente formulada (nível simbólico) e evitar o perigo de fechar uma possibilidade de diálogo intervindo no nível do real[4] (isto é, em falso), pois é como uma porta aberta a todo gênero de mal-entendido.

II. Dificuldades de comportamento

No primeiro capítulo, dei exemplos clínicos de gravidade crescente de crianças revoltadas, mal-amadas, incompreendidas, em permanente estado de aflição moral, cuja atitude de protesto, em relação ao adulto ou ao mundo, transformou-as, em um belo dia, em delinquentes. Nesse estágio, elas são irrecuperáveis, a não ser que comecem a ser tratadas bem cedo, antes que o meio da reeducação as marque talvez para sempre, em um papel de fora da lei.[5]

O que está em jogo nessas crianças é a vontade de ver o desejo delas reconhecido por uma luta de poder, sem ter podido expressá-lo no campo da palavra. Será por meio dos símbolos do

---

[3] A saber, a busca, no discurso do Outro, de uma resposta ao sentido das suas dificuldades.

[4] A intervenção no nível do real supõe que o analista tome a demanda dos pais ao pé da letra, impedindo assim a questão (que sustenta a demanda) de se colocar.

[5] É a influência dos outros delinquentes ou "crianças temperamentais" que é prejudicial para o sujeito. Ele corre o risco de se habituar a ser solidário aos "oprimidos" (os seus colegas de escola) em face do "opressor" (o adulto, seja quem for).

sintoma (problemas de conduta ou delinquência) que o sujeito vai, então, exprimir-se.

O que se apura nesses casos é a maneira pela qual essas crianças fracassam em determinada fase de seu desenvolvimento. Elas se recusam a ser marcadas pela prova da Lei ou, como dizem os psicanalistas, pela ameaça de castração. Os efeitos dessa recusa são as diversas formas de comportamento de protesto.

No entanto, a causa dos distúrbios que devemos estudar reside na relação do sujeito com aquilo que, durante o seu desenvolvimento, é chamado a marcá-lo, a sujeitá-lo. É por esse motivo que aquilo que nos interessa no sintoma não é o *objeto* sobre o qual as dificuldades parecem ser canalizadas, mas uma certa forma de relação com o mundo do sujeito.

É mérito de Lacan ter insistido no fato de que um sintoma se endereça a uma espécie de anonimato a "essa pessoa"; que sustenta um desejo, que não é desejo de um objeto, mas "desejo de uma falta, que no outro designa um outro desejo".[6] Isso equivale a dizer, mais uma vez, como é importante para o psicanalista evitar intervir no campo da realidade, a fim de deixar ao sujeito a possibilidade de uma dimensão nova que o tire de uma relação de submissão ou dependência ao Outro.

Ora, quando uma criança tem dificuldades de comportamento, o especialista é, de diversos modos, solicitado a responder por meio de soluções educativas. Aqui, mais do que em outros lugares, importa salvaguardar uma dimensão simbólica, ajudar o sujeito a articular a sua demanda, para que possa dar-lhe um sentido. Não se pode, evidentemente, em uma única entrevista, apurar o que seria revelado ao longo de uma análise, a saber, a fixação do sujeito a esse ou aquele significante que lhe serve para articular a

---

[6]Lacan – *Formations de l'Inconscient*, 1917 [Em português, Seminário 5: As formações do inconsciente].

sua demanda. Pode-se, no entanto, quando não se intervém em um aspecto pedagógico, deixar em aberto uma questão e, com ela, a possibilidade de acesso ao processo analítico.

Procuremos agora compreender o sentido dos sintomas de conduta e de delinquência mediante casos clínicos presentes no capítulo anterior.

Recordemos a mãe de Thierry (Caso 9): "Não sou feita para ser uma dona de casa. Fico nervosa; são os filhos que apanham", diz. É possível dizer que a criança expressa, através de suas dificuldades, o mal-estar materno. Se a mãe reagiu ao nascimento de filhos não desejados com "irritação", é essa irritação de fato que sustenta uma vontade de substituir o desejo dos filhos pelo seu próprio desejo. Thierry se sente esmagado pela impossibilidade de expressar algo negativo sem provocar de imediato um drama. Sensibilizado pela rejeição materna, tornou-se, por compensação, o "durão" que pode dispensar a ajuda de todos, mas que, na realidade, traduz em seu comportamento uma aflição moral.

Diferente de Thierry, Lucien (Caso 10) é desprovido de "maledicência" para tornar-se desafiador. Ele é o objeto passivo de uma mãe que decreta "o filho é assunto meu"; "ele (o pai) nada tem de fazer lá dentro." Lucien não tem desejos, não pede um reconhecimento. Entretanto, existe um mal-estar, uma vez que ele sente a necessidade de traduzi-lo em distúrbios anoréxicos e fóbicos. É dessa forma mesmo que ele esboça uma tentativa tímida para escapar ao circuito materno.

Catherine (Caso 11) é, à semelhança de Lucien, o objeto exclusivo de sua mãe, mas de uma mãe deprimida, a quem o marido abandonou. Catherine suportou mal o peso desse abandono da mãe. Lembremos as suas próprias palavras: "Eu sou tudo para ela; quando ela não está presente, eu não sou mais nada, eu estrago tudo."

O fracasso da relação de Catherine com a mãe eliminou nela qualquer possibilidade de relacionar-se com o pai, o que fechou depois para ela a possibilidade comum de identificação feminina (por não ter tido de confrontar-se com as "insígnias" do pai).[7] Os abandonos, em Catherine, foram tão precoces (lembremos o papel traumatizante das babás) que mais tarde ela não soube encontrar dentro de si os meios para simbolizar o que tinha atuado como privação em suas exigências.

Para Simon (Caso 12), ao contrário, todas as exigências sempre foram satisfeitas, mas elas não tiveram de esbarrar no significante paterno (já que a mãe, lembremos, empenhava-se em manter o pai afastado de qualquer punição).

Não marcado pelas insígnias cujo suporte é o pai, Simon se achou incapaz de dar às suas exigências uma significação distinta da existente no plano da estrita realidade. Não há lugar nele para uma assunção da sua masculinidade. Por lhe faltar um pai interditor, ele continua a ser o adolescente eternamente insatisfeito. Lembremos aqui esta frase: "Quando estou aborrecido, quebro os lampiões de rua", isto é, "eu meço a minha força em estado bruto e não suporto encontrar um interlocutor nessa mesma posição".

No caso de Simon, uma análise foi empreendida, mas ela se revelou difícil, pois o sujeito já encontrara uma espécie de estabilização em atos delinquentes que se inscreveram em uma ideologia neofascista. Ele havia tentado encontrar esse pai, de quem a mãe o havia privado, através de uma ilusão de força política, a partir da qual uma Psicologia simplista o levava a reduzir todas as exigências ao nível das necessidades, aceitando assim a violência e o roubo.

---

[7]Insígnias do pai: o que o pai representa para o sujeito em um plano inconsciente, como suporte simbólico.

De fato, para Simon, o importante é encontrar a todo custo um Outro que não aceite ser marcado pela Lei (esse primeiro Outro, na verdade, foi a mãe, esquivando-se sempre à Palavra do Pai).

Essa cumplicidade mãe-filho, que na falta de uma identificação masculina viável resulta em comportamentos delinquentes, é encontrada também entre a criança e os avós maternos (os Casos 13 e 14 são uma ilustração disso). Os delitos que aparecem nesses casos são idênticos, pois a criança não marcada pelo pai fica entregue a todos os seus caprichos e a todas as suas exigências. A sua onipotência é o reflexo da onipotência materna. A criança vive de certa maneira aprisionada em um sonho que, por vezes, tem as cores de um bom faroeste.

Essa mesma estrutura familiar, associada a uma carência ou a uma falta de afetividade materna, precipita condutas a-sociais, que são de fato reivindicações de amor. Elas só conseguem se expressar através de protestos ruidosos/barulhentos. Mal instaladas em seu comportamento opositor, essas crianças estão frequentemente prontas para serem ajudadas. O absurdo ou a gravidade dos seus gestos (incêndio, acidentes provocados) é muitas vezes o equivalente a um suicídio. É por meio da morte de alguma coisa ou de alguém que esses sujeitos buscam iniciar um processo de simbolização que os ajude a viver (mas que talvez não passe de uma tentativa de perpetuar/eternizar os seus desejos).

Se o delinquente demonstra, por um lado, certa segurança e uma perseverança na vontade de praticar o mal – "Só gosto dos vadios, não quero fazer nada" (Caso 19) –, isso não é mais do que o avesso de uma aflição muitas vezes pungente: "Posso muito bem morrer; ninguém irá chorar." Poderíamos acrescentar a isso: para que serve ter desejos na ausência de um Outro? Já que não há Outro para ele, também não há a menor possibilidade de ser reconhecido como sujeito. A partir daí, nada tem mais importância: "Tudo isso são tolices; o mundo inteiro é tolo, e eu tenho de lhes *dizer* isso." Ou seja, dizer-lhes isso com seus atos delituosos. É essa, como vimos, a posição de Samuel (Caso 19). "Os psiquiatras me conhecem, e eu não vou lhes dizer nem uma palavra."

De fato, René nunca foi *compreendido* por meio da análise de seus sintomas; ele se beneficiou por 7 anos de uma casa de reeducação; reeducação que tornou impossível qualquer enunciação de demanda pela palavra, daí o drama de ter diante de si, aos 15 anos, um delinquente calejado, por haver compreendido que somente o seu sintoma lhe permitia uma possibilidade de expressão, ou melhor, de protesto, em um mundo sentido por ele como perigosamente hostil.

Esse exemplo é, para nós, extremamente instrutivo. Foi a partir dos 7 anos que o menino entrou no círculo da primeira consulta. É por não ter ouvido a tempo o seu pranto e o seu desespero, por meio das suas crises comportamentais, que chegamos a fazer dele um revoltado experiente, que, segundo suas palavras, "conhece um bocado do meio médico"[8] e está farto, enojado dos médicos, educadores, assistentes sociais; em suma, de tudo aquilo que poderia ter sido para ele o símbolo de uma tentativa de recuperação ou de cura. Essa angústia que voltamos a encontrar no íntimo do delinquente praticamente não existe no perverso. Tentei salientar esse fato no Caso 21. Emilienne, criança perversa, acha-se suprimida do plano simbólico. Ela não existe como sujeito; serve apenas ao desejo materno, em função do qual ela se entrega com toda a tranquilidade ao seu jogo predileto: a destruição às escondidas/em segredo dos objetos preciosos e das flores. Não há nenhum pedido de socorro, nenhuma mensagem

---

[8] É evidente que o meio médico e o dos educadores tomou para o sujeito, no plano *imaginário*, o lugar da figura paterna. A introdução de um terceiro termo (psicanálise) teria permitido ao sujeito aceitar esse meio que, *na realidade*, fez o impossível para ajudá-lo.

para fazê-lo chegar. No delinquente, por sua vez, mesmo no mais revoltado, existe sempre – ao que parece – um lampejo de pedido de socorro que se faz ouvir no fundo da sua aflição e do seu fracasso.

III. Reações somáticas

Relatei, no primeiro capítulo, dois casos de incontinência (um dos quais associado a uma magreza patológica), um caso de enxaqueca em uma criança asmática, além de um caso de insônia em uma criança alérgica, sintoma seguido de anorexia. É muito pouco para tratar esse problema de maneira apropriada (estudado, por outro lado, por autores como Balint e, na França, por Valabrega). Mas, como já disse, trata-se, para mim, apenas de dar um testemunho sobre o que o sujeito pode trazer na primeira consulta. Essas crianças, vindas com sintomas orgânicos, foram-me encaminhadas pelo pediatra, preocupado com o número de consultas médicas de que já haviam sido objeto.

Aqui, como em outros momentos, vejo-me quase que de imediato confrontada com a palavra da mãe: "Se eu não tivesse tido filhos, poderia ter acompanhado meu marido em suas viagens" (Caso 22). "O que fazer, se ela (a filha) me disser um dia: 'Na casa dos outros eu posso viver, mas não na minha'?" (Caso 24). "Meu filho sou eu; somos parecidos" (Caso 25).

Nesses casos, a doença, ao se inscrever em um contexto fóbico, parece ser sempre uma *garantia* para a mãe contra as suas próprias tensões libidinais.[9] O sintoma da criança mascara a angústia da mãe; e a principal preocupação desta torna-se uma batalha contra o sintoma, como observou Freud nas histerias

---

[9] A mãe de Charles (caso 23) sofre com a ausência do marido, a mãe de Monique (caso 24) rejeita as relações sexuais com o cônjuge, a mãe de Arthur (caso 25) se angustia com a ideia fixa de estar grávida, a mãe de Paul sentiu-se envergonhada por engravidar em uma época em que o seu filho mais velho já tinha 25 anos.

de conversão. Este serve por vezes à mãe como pretexto para se eximir às solicitações do mundo exterior (a fragilidade da criança é invocada para não viajar, não sair, não trabalhar). Se não se compreende a tempo a natureza do sintoma na vida fantasmática mãe-filho, corre-se o risco de fixá-lo e de ver o sujeito estruturar-se em um modo de defesa obsessiva, sendo o ganho secundário para a mãe o prolongamento do recalque.* Mãe e filho escapam assim, pela doença, à situação de perigo presente na angústia.

Quando a mãe de Charles (Caso 22) vem me ver, é para falar, antes de tudo, da sua solidão e da sua mágoa de ser separada do marido "por causa dos filhos". Ela acrescenta que desejaria trabalhar, mas que não pode fazê-lo "por ter de tomar conta, de cuidar das crianças". Ela sequer encontra tempo para ler, já que Charles monopoliza todos os seus instantes com a sua incontinência. Ela deve, em última análise, pensar nas necessidades físicas do filho,[10] e vimos como a única forma que ele tinha para escapar do desejo materno era não ter mais corpo nem desejos. A recusa, por parte da mãe, a um tratamento psicanalítico parece aqui ainda mais curiosa na medida em que o sintoma da criança já constitui o objeto de tantas consultas médicas. Propor-lhe algo que corria o risco de ter êxito coloca brutalmente a mãe diante do seu próprio problema (a saber, a sua angústia); "é cedo demais", parece dizer-me, "não se precipite, deixe-me mais algum tempo em segurança" (em segurança: protegida pelo sintoma do filho).

---

*Nota da Revisora Técnica: Em alemão, a diferenciação que Freud estabelece entre *unterdrückung* e *verdrängung* envolve grande debate no campo psicanalítico, e a tradução da versão em inglês para o português acompanhou a polêmica. Já em francês, essa diferenciação estabeleceu-se, respectivamente, com os termos *répression* (repressão) e *refoulement* (recalque) desde a década de 1920 até os dias de hoje, embora ainda haja uma série de controvérsias.

[10] Diz-me a mãe: "Eu é que sei quando meu filho quer fazer xixi."

O Sentido do Sintoma 73

Vimos a gravidade das enxaquecas de Monique (Caso 24) que tornam quase inválida uma menininha de 12 anos (aulas de meio período, ausência dos esportes). A asma é compartilhada com a mãe de tal maneira que não se sabe mais quem dá início à crise e, a propósito, convida o outro a compartilhar sua cama. É acaso a ansiedade da criança que chama a mãe? Não creio. Antes, é o contrário que é posto em evidência, e é a palavra da criança que nos faz apreender uma certa verdade. Lembremos (Caso 24): "De 15 em 15 minutos, mamãe me pergunta se estou com dor de cabeça. Papai não concorda, mas não é ele quem manda. Então, mamãe me interroga, me faz tomar comprimidos; é para o meu bem que ela sempre quer me fazer alguma coisa."

Se a criança pode sustentar esse discurso com tamanha lucidez, é porque ela já esboça, com a sua anorexia, uma fuga para fora do universo fechado materno. O sentido das suas dificuldades foi explicado ao casal em referência ao mundo fantasmático da mãe, e é o *pai* – e não o analista – que diz à sua mulher que "a menina servia para você se afastar de mim" (de fato, na maioria das vezes, para evitar as relações sexuais).

Qual dos dois necessita aqui de uma análise?

A mãe, por ousar viver com o marido, enquanto está alienada em seus próprios pais? Ou a filha, por sentir em si o direito de não ser mais para a mãe um objeto contrafóbico?

A questão nunca é simples nesses casos em que mãe e filha sofrem, em seus corpos, idêntico mal-estar.

Para Arthur (Caso 25), a solução não é fácil. Temos às vezes o direito de perguntar a nós mesmos se a doença da criança não intervém como uma peça essencial ao equilíbrio da mãe: "Meu filho sou eu; nós somos parecidos." Tal resposta evoca uma situação em que a mãe e a criança têm, no plano fantasmático, quase que um só e mesmo corpo. A mãe com frequência é muito mais afetada do que o filho, mas ele paga perigosamente com o seu corpo a neurose materna.

O caso de Paul (Caso 26) é interessante na medida em que essa mãe, relativamente equilibrada, não teve aborrecimentos graves com os seus outros filhos. A chegada de um último bebê, quando os mais velhos estão em idade de se casar, encheu a mãe de culpa e de vergonha. "Que vão elas (as outras mulheres) dizer quando virem que fiquei grávida na minha idade?"

E é desde os primeiros meses, como vimos, que Paul vai manifestar sintomas ruidosos (uma impressionante alergia cutânea, soluços espasmódicos, insônia e, mais tarde, anorexia) em eco, ao que tudo indica, à angústia materna.

Criou-se uma relação fóbica mãe-filho que cedeu bruscamente com a introdução do pai na vida mãe-filho. A analista, ao ajudar a mãe a apelar a um terceiro termo (o pai, que estabeleceu a Lei para ela e o filho), permitiu à criança e à mãe não mais continuarem a se interrogar ansiosamente sobre seu desejo recíproco e a encerrarem uma questão que não podia permanecer sem resposta ("O que quer ele de mim para me chamar desse modo?").

A partir desse momento, o filho pôde ter desejos externos à mãe, e a mãe ocupações outras que não esse filho. A situação pôde ajeitar-se facilmente porque se tratava, lembremos, de uma mãe relativamente equilibrada, em aflição passageira, agravada pelas profecias do médico tal como a mãe as ouvira: "Essa criança vai acabar com a senhora, se antes a senhora não acabar com ela." Somente o apelo ao pai podia romper essa relação de forças que se instalou desde então entre mãe e filho para estancar a angústia de um e de outro diante das suas respectivas exigências.

Esses exemplos sublinham a relevância, para o pediatra, do recurso a uma investigação psicanalítica quando os casos são graves e resistentes a todo tratamento tradicional.

A formação psicanalítica do pediatra permite-lhe (como nos lembra o Dr. P. Bernoît)[11] fazer frente a casos de urgência nos quais a criança, em perigo de morte, é claramente salva pela Palavra do médico (endereçada ao sujeito ou à família). É decifrando o segredo incluído no sintoma da criança que lhe permitimos exprimir-se em uma linguagem para além do corpo.[12]

IV. Estados pré-psicóticos e psicóticos

Se, nos casos psicossomáticos, o sujeito expressa, em termos de mal-estar corporal, dificuldades que não chega a traduzir em linguagem articulada, o psicótico vive, no nível do corpo, toda ameaça que uma relação com o Outro implica para ele.

O que existe de perturbado na mãe, para que a resposta do sujeito ao seu discurso seja a alienação? Que lugar a criança ocupa no mito familiar, para estar tão condenada a um certo papel, do qual nada nem ninguém podem desalojá-la?

Essas são algumas questões, entre outras, que se impõem por ocasião das minhas entrevistas com a família do psicótico. Relatei, no primeiro capítulo, dois casos de mutismo psicogênico. Se Raoul (Caso 27) teve um início físico penoso desde o seu nascimento, ao qual se acrescentou (lembremos) uma separação da mãe com 1 ano, Lina (Caso 28) nasceu em boa forma física e não teve de sofrer, durante o primeiro ano de vida, nenhuma agressão somática. Foi igualmente com 1 ano que uma separação lhe foi imposta.

---

[11]Em uma obra de próxima publicação.*

*Nota da Revisora Ténica: A autora abordou o tema em sua obra *L'enfant, sa "maladie" et les autres*, publicada no Brasil como *A criança, sua "doença" e os outros*.

[12]Isso, evidentemente, só é válido para casos visivelmente graves (sem organicidade francamente estabelecida) que apresentam relacionamentos perturbados com um meio circundante patologicamente angustiado. O mérito do médico é saber reconhecer o fator neurótico por meio do perigo real de morte, isto é, não ser iludido com a pura "organicidade" do sintoma apresentado.

É em função, ao que parece, da primeira relação com a mãe que a separação para ambas as partes vai adquirir uma marca significativa determinante para a sua evolução futura.

Raoul perde, com o desaparecimento de sua mãe, o interlocutor de seus mal-estares somáticos; a separação permite-lhe refazer a saúde, mas é como fóbico grave que ele se reintegra ao lar. Ele já não sabe, por outro lado, que uso fazer dos seus braços. O trauma da separação é experimentado na linguagem do corpo (o qual perde toda e qualquer função dinâmica), mas Raoul parece ter guardado em si uma possibilidade de simbolização. Ele brinca de rejeitar a mãe para aferrar-se tiranicamente à sua presença.

Quanto a Lina, ela nunca existiu para sua mãe. A separação vai provocar uma *aflição física*: é no seu corpo que a criança se definha. Ela é devolvida doente à sua mãe. A presença de um adulto estável permite-lhe recuperar certa saúde, mas é pelo seu mutismo que ela continua a exprimir a sua aflição. "Essas crianças são um pesadelo", diz a mãe. Lembremos que esta nunca toma conta dos filhos, salvo aos domingos, e nesse dia Lina se agarra desesperadamente a ela; a mãe, em resposta a esse apelo, só encontra palavras de rejeição. É com um casal de pais abandonados que a menina se defronta. Ela não é, como Raoul, "impelida a viver" por um pai que tem uma existência na mãe. A sua desordem é mais intensa. O seu comportamento opositor, apesar de tudo, a protege de uma psicose. Ela busca na sua relação com o Outro uma possibilidade de comunicação. Não seria mesmo inexato dizer que ela existe agressivamente, em face de um casal deprimido, e que essa é a sua maneira de obrigá-los a existir.

A gravidez foi para a mãe de Noëlla o sinal de um perigo experimentado no seu próprio corpo; "alguma coisa acontecerá", diz a si mesma... e, pouco tempo depois, desencadeia-se para ela um episódio depressivo agudo.

O Sentido do Sintoma 77

Se Lina foi rejeitada, Noëlla, antes mesmo de nascer, pôs em perigo a mãe e foi a causa da desagregação do lar. "Essa pequenininha provocou a nossa desunião", diz o pai. Noëlla, efetivamente, herda a incumbência de traduzir aos pais o seu próprio mal-entendido. Ela ocupa na fratria o primeiro elo de uma corrente, em que, a partir dela, os futuros filhos, de acordo com a confissão materna, não serão mais assumidos por ela. Noëlla, antes mesmo de nascer, põe à prova a saúde e a razão maternas. E é na fenda dessa ferida que ela deve se desenvolver. Para responder ao discurso da mãe, a criança encontra apenas a alienação, faz-se de todo ausente, totalmente indiferente a qualquer presença humana.

Vimos, por outro lado, como Henri (Caso 30), em seu discurso, exprime a sua alienação. Não pude, nesse caso, ver a família, mas o menino soube situá-la admiravelmente e presume-se em que clima familiar ele soube escolher a sua resposta psicótica.

Apenas um processo psicanalítico poderia, nesses casos, tentar restituir o sujeito à razão, desalienando a sua palavra. Se Noëlla não tem linguagem à sua disposição, Henri nos submerge em uma linguagem que exclui toda palavra que possa pertencer somente a ele.

Noëlla é, por acaso, uma criança com deficiência intelectual grave? Como estar certo do contrário? E é isso muito útil? Em um primeiro momento, não é melhor compreender o lugar ocupado pelo sujeito no mito familiar a fim de, se ainda houver tempo, poder dar-lhe uma significação distinta da que era fixada exclusivamente pelo devaneio materno?

Raoul e Lina vão poder escapar por meio de uma ajuda psicanalítica. Para Noëlla, por ocasião da primeira consulta, alguma coisa de importante foi compreendida pelo casal parental, o qual poderá, talvez, desse modo não prolongar o seu mal-entendido. Quanto à criança, está muito comprometida, talvez até mesmo condenada a não se tratar, em virtude da distância geográfica que separa os pais de um centro psicanalítico. Henri tem mais possibilidade. Antes, são os seus pais que deixamos abandonados à própria noite; eu quase diria "tendo a morte por companheira".

As entrevistas com os pais de crianças psicóticas podem revelar-se não só "pungentes" como também desesperadamente "vazias". Uma criança muito afetada, 2 horas de conversa corriqueira com a mãe, uma impossibilidade de captar o que quer que seja na gênese do caso: tudo aparece como normal. O analista procura, em vão, confrontar uma anamnese "pobre" com os resultados de exames psicológicos às vezes completamente precários, hesita em fazer um diagnóstico... A introdução da criança no local às vezes basta para modificar uma situação, ou melhor, para fazê-la aparecer sob a sua luz verdadeira. Se existem crianças esquizofrênicas que "falam" na ausência da mãe, oferecendo um discurso de surpreendente riqueza, são também numerosas as que não têm sequer linguagem à sua disposição. Separadas de suas mães, ficam perdidas, e as mães ficam também perdidas, já que são incapazes de se lembrar do que quer que seja de patológico na história do sujeito fora da presença deste. A entrada da criança dá imediatamente à mãe uma possibilidade de expressão. Há, em primeiro lugar, o encontro dos corpos: a criança procura enterrar-se no seio materno, refugia-se claramente nela antes de tomar conhecimento dos objetos da sala. A mãe pode então comentar a situação: "Eu me esqueci de dizer que ela precisa sempre de um intermediário para expressar sua fome, sua sede, os seus desejos."

"É curioso, basta que ele esteja presente, para eu me lembrar... Ele sempre foi alvo de muitas atenções; foge a cada colherada de alimento. O que ele quer é alimentar-se no meu colo. Como está doente, obrigatoriamente meu marido nunca intervém..."

Em outros momentos, a mãe encontra tempo para se desculpar: "Estou tão acostumada que me esqueço de como ele é tirano, ficamos contentes de que ele esteja vivo, e então, quanto ao resto, aceitamos tudo." Esse vínculo tão particular mãe-filho nem sempre podemos percebê-lo de imediato, ou melhor, a mãe não é livre para fazer parte dele, fora da presença dessa criança. A sua presença permite-lhe chegar a uma certa verdade no discurso. Quanto à criança, a presença materna permite-lhe significar a um terceiro o seu modo de relação com o Outro, e é com o seu corpo que ela nos mostra como deseja ser apenas um com a sua mãe; trata-se, no entanto, de uma forma de parasitismo a que ambos se agarram. A constatação da ausência de pai nessa relação é evidente para a analista, mas não o é para o casal. O tratamento da criança, se tem de ser instaurado, não pode desenvolver-se, nesses casos, senão na presença da mãe; ambos têm a necessidade do Outro para se fazer entender – e muitas vezes será somente ao longo do processo analítico que o drama familiar poderá ser claramente vislumbrado.

Na primeira consulta, esse tipo de família nos oferece certa resposta que lhe serve de solução para determinada situação. Essa é a resposta que, após muitos desvios, a família pode chegar a colocar em questão, não sem algumas dificuldades (pois a "cura" da criança vai modificar uma *situação*, o que a mãe inconscientemente recusa).

Para as crianças psicóticas e crianças com deficiência intelectual, a primeira consulta pode ser a oportunidade de entrar pela primeira vez em diálogo a partir de uma ausência de discurso. É uma situação familiar que deve ser verbalizada, a fim de desmistificar vínculos e revelar uma relação impossível, em que não há lugar para a criança como sujeito.

CAPÍTULO 3

Os Testes

Se a anamnese, no momento da entrevista com os pais, permite ao analista identificar certa estrutura familiar, a entrevista com a criança enriquece a compreensão de uma situação e revela-se, na maior parte do tempo, decisiva ao diálogo que depois vai estabelecer-se com a família.[1] O exame da criança adquire para os pais valor de testemunho. "São *textos*", dirão alguns, em que pode ser lido, tal como em uma rádio, o quadro das deficiências, a causa do mal. "A avaliação da aptidão", tendo em vista o melhor rendimento possível, é uma ideia que agrada ao público, convencido de que o psicólogo detém o segredo de uma orientação bem-sucedida.

---

[1]Na qualidade de não médica, dirijo sempre o dossiê da primeira consulta* (entrevista com os pais, exame da criança) à intenção de um psicanalista médico, a um psiquiatra ou a um pediatra. São eles que, de alguma forma, sancionam o que posso identificar como perspectivas. Esse trabalho de equipe se mostra muito valioso, ao dar aos pais e à criança o tempo para elaboração, depois de um questionamento por vezes penoso.

*Nota da Revisora Técnica: A primeira **consulta** (a pergunta sobre um problema dirigida ao psicanalista) é composta, entre outros de **entrevista** (conversa, anamnese e história clínica) com os pais, somada ao **exame** da criança (a avaliação, que inclui uma série de passos, como entrevista, aplicação de testes, avaliação psíquica e neurológica). As **entrevistas** são as conversas iniciais com os pais e com as crianças. **Consulta** (especialmente a primeira) diz respeito ao que motivou a investigação, a busca de respostas a uma pergunta dirigida ao psicanalista. **Exame** é um instrumento de avaliação, que inclui a aplicação de testes, a história clínica, a observação de sinais e sintomas neurológicos, psíquicos, entre outros.

Em inglês, a palavra "teste" significa "prova", e é exatamente sob o signo do exame que a criança situa a entrevista com o psicólogo. No decorrer dos últimos 50 anos, o esforço dos pesquisadores se concentrou nas possibilidades diversas de avaliação das aptidões mentais; a inteligência não é apenas avaliada quantitativamente, mas também qualitativamente. Procura-se apreciar com precisão as possibilidades de atenção e de memória do sujeito. Provas de lateralidade são, por outro lado, postas a funcionar para compreender a organização espacial da criança, e provas motrizes são utilizadas para avaliar o seu desenvolvimento motor. Em síntese, existem possibilidades múltiplas de "avaliações" tanto no plano intelectual como no pedagógico. A isso, veio acrescentar-se uma gama não menos considerável de testes para avaliar o caráter, até mesmo a "moralidade" do indivíduo. Em suma, procura-se cada vez mais entender a sua personalidade, a qual, de resto, não se hesita em avaliar com o auxílio de critérios estatísticos. A criança, verdadeiro animal de laboratório, é quase fichada segundo critérios universalmente reconhecidos. É óbvio que um exame desse gênero terá de saída um alcance diferente conforme este seja efetuado por um psicólogo ou por um psicanalista. Não é minha intenção criticar aqui aquisições psicológicas de importância primordial. O que buscarei evidenciar é a dimensão psicanalítica, que somente o psicanalista pode introduzir por ocasião do estabelecimento de uma avaliação psicológica. Com efeito, ele não pode deixar de ser imediatamente sensível a essa "testagem" da criança, bem como ao perigo que implicaria toda classificação impessoal. Quer o queira, quer não, ele de certa maneira ocupa, na qualidade de examinador, um lugar na fantasia parental. Demandam que *nomeemos* essa criança, que a façamos sair de uma penumbra, para fazer o quê? Orientá-la? Tratá-la? Certamente. Entretanto, jamais se trata exclusivamente disso. Trata-se, sobretudo, ao *nomeá-la*, de dissolver, na mesma oportunidade, a angústia parental.

Os Testes 83

A criança, fixada muitas vezes em uma espécie de pânico, espera também a palavra do psicólogo, o seu veredicto, como uma libertação; libertação de algo que não está claro. "Você vai me dizer o que eu desejo fazer;" "vai me dizer o que acha que devo fazer." Quer o examinador queira ou não, é proposto, em última análise, incluir essa criança na sua própria fantasia fundamental, fazê-la testemunha das suas exigências pessoais. É justamente nessa armadilha que temos de nos esforçar para não cair.

A criança deve ser ajudada a se reconhecer e, para isso, é importante que evitemos declarar o que ela deve ser (pois, desse modo, ela ocuparia o lugar do significante do Outro e não poderia mais significar-se). Não fazemos, então, mais do que perpetuar certa história familiar em relação à qual a criança, justamente, não chega a tomar o distanciamento necessário. A exemplo dos pais, corremos o risco de lhe designar um lugar, o vazio que ela é convidada a preencher. Esse vazio, se é o do Outro, ela só pode preenchê-lo à custa de distorções intelectuais, escolares ou comportamentais. O exame, a avaliação da criança, por mais inofensivo que seja, desencadeia sempre e imediatamente ressonâncias familiares.

"Quem é você que vem me ver? Você vai me dizer quem sou eu. Por que você vem? O que deseja?"

"Nada, eu sou trazido; isso é tudo."

"O que não vai bem na escola? O que não vai bem em casa?"

"Eles devem ter-lhe dito, não é?"

"É de você que eu gostaria de saber mais sobre isso."

"É a escola. 'Eles' não estão contentes em casa; brigam comigo."

"Isso o aborrece?"

"Decididamente, eles não estão contentes comigo."

"Você gostaria de tentar encontrar, juntos, uma forma de ajudá-lo?"

"Bem, quero sim."
É geralmente assim que começa o diálogo com uma criança que, quase sempre, desde o início, situa-se em relação ao desejo parental.

"O que querem, então, de mim? E o que posso fazer para caber melhor no sonho deles?" Essa questão implícita é frequentemente o ponto de partida das entrevistas. Ao desprezá-la, omite-se uma dimensão essencial.

Os "testes" são para mim apenas um meio, e não um fim. Utilizo-os em um diálogo, durante o qual procuro identificar um *sentido*; sentido, sem dúvida, em função de certo padrão familiar. E é, pois, sobretudo ao *discurso* do sujeito, que vou ater-me. É por isso que me recuso sempre a estabelecer exames/avaliações parciais. O nível do QI, a precisão dos distúrbios de atenção, as dificuldades no domínio da abstração, um distúrbio escolar definido, tudo isso só tem sentido situado em uma história.

Robert, de 15 anos, tem dificuldades em Matemática. O fracasso escolar é tamanho que o colégio o "orienta" a abandonar os estudos... O sujeito está no 9º ano. Seu nível intelectual é acima da média, dotado no plano de abstração, mas fracassado academicamente, assim aparece o adolescente, capturado, por outro lado, em uma estrutura obsessiva.

"Na minha família, todos são um fracasso", diz ele um dia. "Tive um avô engenheiro. Depois ninguém mais conseguiu chegar a tanto."

O que fazer? Encaminhá-lo para Letras em função de ser inapto para a Matemática?

O processo psicanalítico foi escolhido aqui para ajudar o sujeito a escapar de uma identificação com um pai cujo valor também nunca foi reconhecido pelo próprio pai dele.

Era uma vez um avô engenheiro... Desde então, tudo parou; cada um ficou aprisionado em uma posição que a neurose lhe conferiu. Enquanto Robert permanece no lugar designado pelo pai, não pode deixar de fracassar. Com o seu fracasso, ele desempenha o conflito de outra geração. "Se meu pai me tivesse tratado de outro modo, eu não seria 'complexado' como sou", diz o pai de Robert, que, sem saber, utiliza o seu filho mais velho em reivindicações estéreis. É o fracasso que Robert deve significar; entretanto, esse pai sonha ao mesmo tempo com um filho que, com o seu êxito, iria vingá-lo do seu próprio fracasso; daí as crises de raiva impotente e os dramas familiares em torno das notas insatisfatórias de Robert. A verbalização dos resultados dos testes apresenta-se, antes de tudo, como uma reformulação, para o pai, do significado dos distúrbios do filho. Por meio da avaliação psicológica, foi possível denunciar o lugar ocupado pelo sujeito no mito familiar. Certamente não oferecemos tratamento ao pai devido a isso; no entanto, o deslocamento de uma certa mentira permitiu a ele, posteriormente, ajudar o filho a caminhar "por sua própria conta". Tomar ao pé da letra o fracasso em Matemática a fim de orientar o sujeito para Letras (ou para o abandono dos estudos do Ensino Médio) é não entender a mensagem inscrita no sintoma, que serve para garantir a função do pai. A sequência da história nos ensina efetivamente que o pai, abalado pelo sucesso do filho em curso no processo psicanalítico, vai reproduzir com o outro filho a mesma trama familiar, colocando-o, do mesmo modo, no lugar do mau aluno. Essa situação não se torna de fato possível porque se vislumbra, além disso, por trás da imagem paterna, a figura da mãe, muito mais fixada a seu próprio pai do que a seu marido, mas isso é outra história. Basta-nos, por enquanto, estar atentos às ressonâncias inconscientes desse exame psicológico a fim de podermos dar-lhe a única dimensão que permite a sua utilização eventual; a saber, a sua dimensão histórica.

O exame psicológico estabelecido por um psicanalista nunca será um relatório rigoroso de "medidas intelectuais ou escolares", tampouco a descrição de um comportamento. Não é por meio da apresentação do sujeito ou do seu rendimento escolar que a avaliação será estabelecida. Procuro sempre situar aquilo que me é trazido em uma dinâmica que considera o jogo recíproco da demanda e do desejo nos laços pais-filhos.

A priori, jamais "oriento" e fico sempre espantada com as "orientações" imperativas dadas a algumas pessoas. É o fracasso dessas orientações que nos permite compreender que o psicólogo, ao pronunciar-se no nível de uma objetivação dos resultados, fez o jogo das dificuldades familiares. "Reorientada", a criança se encontra às vezes capturada em uma armadilha, no interior de um mal-entendido do qual nem sempre se mede suficientemente o alcance ou a extensão.

O programa escolar foi concebido para todos; as causas de fracasso merecem ser estudadas antes de qualquer proposta de orientação. Há, evidentemente, os alunos dotados e os medíocres, os "fracassos" em Matemática, os "cê-dê-efes" e aqueles com disortografia. Nem toda deficiência escolar significa "perturbação efetiva". A deficiência intelectual existe e não pretendo negá-la; também não procuro questionar um tipo de orientação oficial que, levando em consideração o desejo das famílias e as possibilidades da criança, encaminha esta para o setor que se supõe ser o melhor às suas aspirações. Coloco em questão toda orientação, todo exame realizado em uma criança submetida a impasses neuróticos. É em semelhantes casos que a orientação corre quase sempre o risco de se fazer a partir de um fracasso, em vez de basear-se nas possibilidades reais do sujeito. É aqui que uma mensagem deve ser ouvida acima de qualquer julgamento.

A desorganização espaço-temporal e as dificuldades psicomotoras do sujeito não necessitam automaticamente de uma reeducação. Acontece que, para a criança, esse pode ser o seu único meio de expressão. "Veja", ela parece dizer, "esse corpo que não me pertence. Não sou a dona dele, então pouco me importa minha posição em um dado ponto no espaço. Vivo sem pontos de referência. A bússola está em poder de minha mãe". "O que ela deseja?" É a pergunta que a criança parece fazer, mas responde-lhe interditando em si a motricidade. O seu corpo se imobiliza.

Um estudo mais aprofundado nos ensina, com efeito, a importância dos fantasmas de agressão nessas crianças para quem o desejo materno de "que seja inteligente e ágil" encobre às vezes um outro desejo: "que morra". Ao tratarmos de uma só vez o único sintoma, corremos o risco de capturar a criança em uma estrutura obsessiva, de tal sorte que ela sequer poderá utilizar o que foi "corrigido". Por isso, a importância para a analista de chegar a extrair da anamnese e dos testes:

1. O sintoma que tem valor de mensagem (e que tem necessidade de ser entendido durante um processo psicanalítico).

2. O sintoma que não tem valor de mensagem e que pode ser reeducado sem perturbar o sujeito em sua relação com o mundo.

Se é útil poder investigar a tempo as diversas formas de inaptidão para trazer uma solução a isso, não é menos importante desdramatizar tais exames, ou, antes, compreender o alcance psicológico dessas "avaliações da inteligência" tanto na criança como junto à família. É sempre em determinado conteúdo fantasmático que esses resultados se encontram em suspenso. Se pode ser benéfico dizer a um pai "seu filho não é o que você pensa; ele é inteligente, mesmo se, em aula, mostra-se um mau aluno". Isso só pode ser entendido se o adulto estiver disposto a ouvir. Quantas vezes não nos apoderamos de trechos de provas escolares para dizer: "Eu bem sabia; ele não pode deixar de ser assim". Isto é: "É nesse lugar, e não em outro, que o meu filho ou a minha filha deve ficar; não me agrada que a senhora o desloque dali." A criança, por seu lado, é sensível a todo veredicto que corrobore a condenação paterna. Por isso, a multiplicação de exames psicológicos na instituição escolar comporta um perigo que decorre do caráter demasiadamente afirmativo dado às conclusões pelo psicólogo ou pelo orientador. Depois de tudo, nunca será demais repetir: um "teste" deveria ser compreendido como um ensaio (com as suas possibilidades de erro), e não como um documento legislativo que ordenasse essa ou aquela orientação.

Mais uma vez, não se trata aqui de uma crítica à Psicologia como método de pesquisa, mas de um alerta ao público contra uma vulgarização demasiadamente simplista dos diversos meios de investigação psicológica. Há sempre um risco em querer catalogar uma criança encerrando-a em um âmbito estreito de avaliações ou de observações experimentais. Passa-se, então, ao largo, do essencial, que é alguma coisa da ordem da relação do sujeito com o seu ser. É durante uma análise que se vai revelar de maneira impressionante a que ponto o fator "dificuldades escolares" foi artificialmente isolado como "sintoma" no exame. Com efeito, só se pode, como já ressaltei, compreender o significado do sintoma identificando o lugar que este ocupa na articulação dos efeitos da demanda e do desejo – suportes da relação do sujeito com o Outro.

"Venho me consultar para poder trabalhar." Quantas vezes ouvimos essa frase entre os estudantes. De fato, trata-se sempre de uma máscara que esconde uma verdade situada além disso. O desconcerto do sujeito ultrapassa quase sempre o âmbito dos motivos pelos quais veio se consultar. Por isso, é fundamental nunca os interpretarmos literalmente, mas nos atermos à escuta daquilo que, para além do sintoma, pode surgir em um discurso. É assim que, depois de ter formulado o desejo de poder trabalhar, Félix foi levado em seguida a perguntar para si mesmo: "Mas por que temos de estudar? Para nos tornarmos o quê?"

Não havia o seu irmão "lucrado" com os fracassos escolares ao passar a tomar parte nos negócios do pai? Que tem ele a ganhar, então, com o sucesso nos estudos? Apanhado no mundo fantasmático da mãe, tem a impressão de que nada lhe pertence. Quando elege uma orientação escolar ou profissional, reage imediatamente a ela por uma espécie de fuga, uma atitude de não compromisso, como se a escolha devesse ser assumida por outro que não ele próprio. O dinheiro que ele poderia ganhar é igualmente desprovido de sentido, como é todo desejo sexual. "Quando tenho desejos, isso dá ideias. Eu estou no meio, mas nada disso se comunica, e o amor também pode muito bem converter-se em morte. Para mim, em um desejo, tanto há morte como há vida, e, depois, o que é a vida? A vida não tem sentido; a morte é que tem um sentido."

Desde o instante em que Félix ganha dinheiro, ele se priva, não vai mais a *shows*, nem sequer ousa mais beber em um café. Ele tem, nesse momento, para com as suas necessidades, a mesma atitude rígida que sua mãe e torna a sua própria vida impossível. Todo desejo sexual o mergulha, da mesma maneira, em um estado de pânico, como se estivesse sempre preso em uma escolha de agressão (de si mesmo ou do outro) ou de regressão (fixação a uma época da sua história em que, tal qual no desejo fantasmático, o tempo e o mundo estão parados).

O tratamento, nessa perspectiva, é sentido como um perigo. "Não quero me curar muito depressa; tenho vontade de frear. Tenho medo de que a senhora me atire em um precipício." Toda escolha na orientação dos estudos é vivida como um dilema impossível. O que se encontra de fato posto para ele é, ao mesmo tempo, a necessidade e a recusa de ultrapassar o pai. "Não quero me sentir só. Tudo o que me falta está no Outro. Para ser completo, tenho de ser dois." Esse pai, que não teve, ele inventa de modo paradoxal, tornando-se mais fraco do que ele. Procura negar a importância deste último, fracassando.

Nos seus sonhos, solicita a intervenção de uma figura paterna severa que o *expulse* dele mesmo (como se esperasse ser afastado dos negócios do pai para existir em seu próprio nome). Félix efetivamente nunca pôde formular na vida a sua própria pergunta, uma vez que os pais se apoderaram das indagações dele para colocá-lo ao abrigo de qualquer prova. Ora, em sonho, ele solicita o direito de ser posto à prova para poder viver. "Dê o fora", dizem-lhe então, e acrescentam: "Saia, agora. Você nasceu." Essas palavras, entretanto, são ouvidas pelo sujeito como um aviso de que não se deve prosseguir, no próprio sentido da superproteção materna. "Sem dúvida, ainda estou doente demais para trabalhar", me diz, e acrescenta: "Estou me arriscando demais."

"Um dia", anuncia-lhe em sonho, "você deverá trocar seu pai e sua mãe por uma mulher e filhos", e Deus, para ajudá-lo, dá-lhe, então, alguma luz* para ver claramente...

"Que referência ter?" É a questão que se coloca, em seguida, ao sujeito, já que, na sua história, a palavra do pai ficou sempre como letra morta, convertendo-o em um ser morto, sempre a esperar em vão por um apelo vindo de fora. Nada é possível, acredita ele, porque, até esse momento, a partida não lhe foi significada. Procura, então, imobilizar-se em uma relação de dependência para convencer-se de que sempre teve um pai. É o que lhe permite negar, na mesma ocasião, a falta do pai.

Entretanto, graças aos progressos da análise, Félix compreende que tudo isso é apenas um engodo e deixa então escapar estas palavras amargas: "Até Deus me deixou cair. Para mim, Deus

---

*Nota da Revisora Técnica: Aqui, a autora se utiliza de ironia para localizar a voz de Deus como essa fala que aparece em sonho, dando ao sujeito, uma *luz* para seus impasses. A tradução literal do termo original francês *gouttes* como "gotas" ou "colírio" (para ver melhor) talvez soasse estranha em português. Então, optamos por "luz", para evocar a ideia de o sujeito ver melhor. Esse sentido não prejudica em nada o teor que a autora almejava e auxilia o leitor na compreensão do texto.

é uma velha senhora que me quis sem corpo nem sexo." Desse mestre de vida que Félix parece buscar nos seus sonhos, ele também precisa, de algum modo, desembaraçar-se para se tornar um indivíduo independente, livre de seu eu. Ele me conta: "Tenho vontade de dizer a meu pai: 'você não me ouviu. Mandou-me a alguém que me ouve, mas isso não me serve de nada.'"

Exprime assim o desejo de anular-me, para poder provavelmente, a partir daí, encontrar identificações masculinas válidas que possam ajudá-lo a situar-se.

Mas não é esse o lugar para desenvolvermos a análise de Félix. Se me estendi nesse caso, foi apenas para destacar os conflitos subjacentes a um problema aparentemente objetivo, como pode ser o de uma simples orientação profissional. Todo sujeito que teve de parar os estudos por causa de uma *inibição* tem necessidade de uma investigação psicanalítica mais minuciosa, sem a qual corre o risco de ser erroneamente orientado no próprio sentido das suas dificuldades.

Ora, é frequente, mesmo em casas de Saúde (casas de tratamento para estudantes), promover, antes de toda e qualquer ideia de tratamento, a necessidade de *reorientação*. Porém, desse modo, se vai mais ao encontro do fracasso do que do sucesso. É um mito querer encontrar um mundo melhor ou um meio mais adequado a tal forma de neurose ou loucura. É quase sempre mais sensato ser menos apressado e esperar primeiro que o sujeito se situe na sua própria história, antes de conduzi-lo autoritariamente por um caminho que ele deveria, de fato, poder descobrir sozinho.

Mas, então, vocês podem perguntar: será que toda a questão dos testes será posta em causa?

Aqui, não é tanto a sua elaboração pelo pesquisador que está em questão, mas a sua aplicação muitas vezes excessivamente ingênua.

O próprio psicanalista, tanto quanto o psicólogo, não está imune ao erro, pois a pressão dos pais ou a pressão social ordenam, por vezes, que responda a uma demanda "de orientação" não raro de modo injustificado. A tentação é ainda maior quando quem a formula é o próprio sujeito. Cabe, ao analista, pois, situar a demanda de tal modo que possa pelo menos ser percebido ou entendido o seu aspecto de engodo.

CAPÍTULO 4

O que É Então o Encontro com o Psicanalista?

A vulgarização das noções de Psicanálise corre o risco de dar uma imagem falsa da entrevista com o psicanalista, se acreditarmos que essa entrevista pode se reduzir a um relacionamento dual em que o paciente se limita a projetar sobre o analista tudo o que carrega em si, sem saber: o seu inconsciente. Nessa concepção, o papel do analista se reduziria a constatar o caráter imaginário, quase irreal, dessas projeções, e a informar isso ao paciente. Em suma, a análise se limitaria a uma redução do imaginário em nome da realidade.

Contudo, uma análise não se desenrola dessa maneira. Estamos na presença de um discurso – trate-se do discurso dos pais ou daquele do filho – que pode ser qualificado como *"alienado"*, no sentido etimológico da palavra, em vez de mentiroso, como somos tentados a dizer por aparência porque não é o discurso do sujeito, mas o dos outros, ou da opinião pública. Não sairíamos desse discurso alienado se a experiência analítica não fosse mais do que uma objetivação psicológica do sujeito, de um sujeito que continuaria a apresentar uma máscara social – que nem mesmo é dele – para que o outro, o analista, lhe interprete o sentido dela.

Se Lacan, para voltarmos às fontes freudianas, enfatizou tanto o discurso do sujeito, mais do que a elaboração dos estágios do desenvolvimento sexual,[1] é porque o sujeito de certa maneira incorpora a sua história ao seu discurso e é pela palavra que constitui o seu pensamento em uma dialética. "É decifrando essa palavra", diz-nos Lacan,[2] "que Freud reencontrou a língua inicial dos símbolos que vive no sofrimento do homem e da civilização (hieróglifos da histeria, brasões da loucura)".

Essa palavra nem sempre é fácil de apreender porque o homem utiliza muitas vezes a linguagem para mascará-la ou para sufocá-la.

Esse não é o lugar para examinarmos o que é uma Psicanálise. Eu quis apontar posições essenciais, mal conhecidas de um público habituado a uma vulgarização simplista e errônea da Psicanálise. Quantos meses perdidos em razão do nosso "medo de transferência". "Prometi a mim mesma", disse-me uma estudante, "que comigo isso não seria assim, não me deixarei envolver". "Espero", disse-me outro, "que a senhora seja sucessivamente meu pai, minha mãe, meu irmão e a mulher de minha vida".

E o paciente, na sua conduta e no seu discurso, vai entregar-se em primeiro lugar a esse folclore psicanalítico. Ele precisará de tempo para compreender que a sua verdade se situa além e que nem sempre é fácil para um analista poder restituí-la ao paciente.

Se abordo essas noções, é porque a entrevista efetuada na primeira consulta, tanto com a criança quanto com os pais, traz a marca da minha escuta psicanalítica. É em função dessa escuta que uma mãe muito segura, equilibrada, deixou escapar um dia, ao final da consulta, esta palavra-chave: "Essa criança me desgasta. Não posso mais com ela. Não aguento mais esse papel de mãe dona de casa. Eu gostaria de trabalhar." Essa palavra não é abandonada *em momento algum*. Ela aparece frequentemente

---

[1] Toda uma literatura psicanalítico-médico-pedagógica desenvolveu-se em torno dessa vulgarização errônea da Psicanálise.
[2] Lacan, Jacques. *La Parole et le Langage*. La Psychanalyse. Vol. I, PUF.

depois de uma verbalização do exame da criança feita por mim aos pais. O diálogo que, então, mantenho com eles é uma continuação da entrevista inicial. Muitas vezes essa entrevista tinha de ser inteiramente retomada, visto que o primeiro discurso dos pais é, antes de mais nada, o discurso dos outros. O sofrimento deles somente pode ser expresso na medida em que podem assegurar-se de que são ouvidos. Por que uma criança não seria "desgastante"? Por que uma mãe não estaria tão bem na fábrica ou no escritório quanto na cozinha? Essas perguntas só podem ser feitas se o outro não se tornar educador ou juiz, se o outro, enfim, aceitar que é possível florescer uma Verdade que não é necessariamente conforme a sua.

"Eu não disse a ninguém que esse filho não é do meu marido." Se essa mulher pôde fazer-me essa confissão *fundamental* enquanto confissão *dela própria*, e não como fato, em si, perturbador para a criança, é porque ela sabia que eu não daria uma resposta capaz de mutilar o seu ser. Não que eu procure poupar os pais; não é esse o interesse deles nem o da criança. Mas tenho o cuidado de respeitar "confissões" que têm um sentido não porque se enderecem a outro sujeito, mas porque reconstroem, a partir daí, o sujeito de algum modo. O que para uma criança é perigoso é a mentira da mãe a si própria. "Eu sabia que essa criança não era de meu marido, *mas não queria saber*." Estar consciente disso é também assumi-lo plenamente no seu destino de mãe e de esposa. É porque isso lhe diz respeito que é prejudicial que ela proceda como se isso não lhe dissesse respeito. A criança é sempre sensível a essa espécie de engano. É sensível, aliás, a *tudo o que não se diz*.

"Muito jovem", diz-me uma criança de 7 anos, a quem ninguém havia ainda falado do divórcio dos pais, "eu era arrastado por todos os cantos. Quando estava bem-instalado, tinha de ir para outro lugar. Eu era arrastado, ah!... minha mãe prometia vir, e não vinha. A princípio, eu reclamava; depois, compreendi que isso não era muito normal". Sua mãe estava drogada, será que ele não sabia disso? "Mamãe estava sempre deitada; fazia-se de doente. Eu nunca ia à escola; talvez uns 15 dias por ano. Desde que tinha 3 anos, faço por ela os trabalhos da cozinha e da casa."

Nem toda criança tem a oportunidade de guardar de um modo tão claro na memória a lembrança do que a marcou. É na perda dessas lembranças que pode ter origem a neurose.

Nas mães de crianças psicóticas, a confissão de uma situação familiar perturbadora por vezes só ocorre após algum acidente espetacular, como um suicídio. O marido descrito como "gentil", "de admirável dedicação", aparece depois, com uma natureza diferente. "Só agora vejo como ele era um tirano; batia, ofendia, dizia sem parar que eu o enganava. Eu não ousava mais sair, e o menino sequer ousava chorar mais, ficava paralisado diante dele, como uma estátua de mármore."

Em um filme recente, cada um dos atores de um drama sentimental foi convidado a representar a sua história, dando assim duas visões diferentes de um acontecimento comum. Uma situação familiar é geralmente vivida por cada membro da família de um modo pessoal. Eles convivem, mas efetivamente não sabem nada um do outro. Dividir os talheres, um teto, prazeres, uma cama parece bastar já que poucos seres procuram saber de que é verdadeiramente feito aquele com quem dizem "viver". Talvez esteja aí a real forma de pudor: o nosso eu interior não é tão facilmente partilhado, começando por nós mesmos.

A primeira entrevista com o psicanalista, portanto, é mais reveladora nas distorções do discurso do que no próprio conteúdo. Esse conteúdo – e isso por vezes nos surpreende – varia de sessão para sessão, de analista para analista, e isso acontece, nunca é demais repetir, porque é no Outro que a verdade desse discurso (como nos lembra Lacan) constitui-se, e sempre por meio de certo engodo. "É curioso! Percebo que lhe digo coisas que são o contrário do que digo ao doutor."

"O contrário, por quê?"

"Porque fiquei surpresa e disse em primeiro lugar o que julgava que tinha de dizer. Tive agora tempo de *me* refazer e de confessar a mim mesma o que eu preferia manter escondido."

No entanto, raras são aquelas que percebem com tanta nitidez que comunicam dois discursos diferentes...

Ao viver com o filho, a mãe acaba às vezes se esquecendo do ser que se esconde atrás do objeto que deve ser cuidado. Falta-lhe uma certa distância de si mesma que lhe permitiria às vezes surpreender-se com determinado estilo de comportamento. Como perfeita dona de casa, ela se sente tranquila quando cada objeto está no lugar; marido e filhos desempenham certa função nesse universo fechado que exclui uma possibilidade de evasão. Acontece que o filho, não tendo melhor escolha, procura na doença essa evasão. Submetido à mãe como objeto que deve ser cuidado, diz-lhe ao mesmo tempo que ela nada pode fazer por ele, nada salvo ter desejos para além dele.

Escutemos os depoimentos dessas mães:

"Minha filha sofre de uma asma que não tem cura. Os médicos são unânimes em dizer: 'é o subconsciente dela'. Chorei quando essa menina veio ao mundo. Eu me dizia que jamais teria o suficiente em mim mesma para proporcionar-lhe a imensidão de coisas que desejava lhe dar. Ela se recusava a comer; sim, ela *me* fazia isso, a mim que tinha tanto cuidado com ela. Eu a colocava perto de minha cama para vigiá-la, e ela não dormia. Ah! Quantas lágrimas derramadas por ela! E então, eis que um dia ela se pôs a tossir, a sentir-se oprimida. Nesse dia, a asma entrou nela. Disseram-me que não era uma asma verdadeira, apenas um mal-estar respiratório. Deram-lhe cortisona; não tinha o menor efeito. A menina se tornou exigente. Abandonei o meu trabalho para me dedicar inteiramente a ela. Desde então tudo foi piorando. Disseram-me um dia: 'É uma doente grave; está com a respiração bloqueada em toda a parte inferior do tórax'. 'Sei que nunca vou ficar boa', minha filha me diz. Isso me deixa louca, e eu me apresso em consultar outro doutor. Meu marido e eu deixamos de ter uma vida própria. É inevitável que fiquemos o tempo todo espreitando a respiração dela."

"Há realmente um médico que ficou surpreso ao verificar que, *de maneira inesperada,* quando não nos ocupamos dela, a menina passa a respirar normalmente. Não acredito nisso. Temos de evitar as cóleras, as contrariedades, o ciúme de minha filha: 'Você é minha mamãe', diz-me ela, 'não quero dividir você com ninguém'. Tenho de ficar atenta, pois a menina não gosta que eu me ocupe do seu pai. Ela também disse a ele: 'Para mamãe você tem palavras carinhosas, e para mim, nada'. Minha vida está estragada. Toda hora estou pensando nos brônquios dela; quero aplicar eu mesma os supositórios, cercá-la de cuidados, mas não há jeito. Além disso, eu venho vê-la, mas você, como os outros, *nada poderá fazer.*"

O que podemos acrescentar a esse discurso que, em alguns momentos, tem ressonâncias poéticas? Ele está marcado, sublinhado pela própria neurose da mãe. Antes mesmo de nascer, essa criança é o palco da fantasia materna. Essa necessidade de amor imenso porventura também não evoca a angústia, o perigo do asfixiamento mais completo? Essa criança está de tal modo incorporada à mãe que *sabe* que ninguém poderá fazer nada em relação a isso. De fato, a mãe não deseja que seja de outra forma. Carne de sua carne, sofrimento do seu coração, mortificação íntima, é preciso que sua filha   permaneça assim dentro dela. Transtornada pela ideia de que possa ser assim, a Sra. Robertin me diz: "É cedo demais para que eu possa lhe dar essa criança. Quero recuperar-me; depois, virei sozinha. Não lhe falei das minhas angústias; elas tinham desaparecido com a doença de minha filha e agora ameaçam reaparecer, tenho medo. É horrível a ideia que me ocorre de repente. É absurda! É como se me pedissem para escolher entre a minha morte e a de minha filha. Que contrassenso, não é mesmo? Quando a gente fica tanto tempo assim em casa, acaba por desatinar, por perder todo o bom senso."

Ora, se temos de perder algo no confronto com o analista, é algum engano; por meio desse abandono, o sujeito recebe de volta, como verdadeira dádiva, o acesso à sua verdade.

Limitei-me *ao primeiro encontro*. Deixo, portanto, em suspenso a sequência das sessões, insistindo, porém, no seguinte: quando os pais fazem uma consulta em nome do filho, cabe ao analista apurar, para além desse objeto trazido, o sentido do seu sofrimento ou da sua perturbação, na própria história de ambos os pais. *Empreender uma Psicanálise com crianças não obriga os pais a trazerem* à *baila a sua própria vida*. Contudo, convém pensar – antes de a criança entrar na sua análise – no lugar que ela ocupa na fantasia parental. A precaução é necessária para que, em seguida, os pais possam aceitar deixar o filho entregue ao seu destino. Uma criança saudável arranca de si mesma essa autonomia, se necessário for, por meio de crises comportamentais e de atitudes desafiadoras espetaculares.

A criança neurótica paga, ela mesma, o preço desse desejo de evolução com a sua pessoa até no dano orgânico mais sério. Certas afecções (epilepsia) encontram-se desse modo agravadas pela ansiedade do meio social, comprometendo o sucesso de um tratamento médico. Mãe e filha têm então de ser escutadas no campo psicanalítico, pois a mudança de uma só é possível se puder ser aceita pela outra.

"Essa criança", diz-me a mãe, "devorou toda nossa vida pessoal. Ela cai; não podemos deixá-la sozinha. Ela não sabe utilizar as mãos. Ela se contrai. Ficou muito acometida. Não consegue escrever. De tanto ficarmos atrás dela, começamos, os três, a fazê-la progredir, até que conseguimos. Ela vive em um mundo só dela. É uma responsabilidade tê-la sob nossos cuidados. Deveríamos contê-la. Estou sempre com a ideia fixa de que lhe vai acontecer um acidente. Tenho medo de que ela morra. Fico assim o tempo todo. Ela parece anquilosada, com essa cabeça para a frente sempre. É um pesadelo! Essa cabeça arrasta o corpo dela. Não posso ser amável. Vejo-me obrigada a ser dura para acordá-la. Ela passa o tempo todo caindo. Pensei em fazê-la vestir um espartilho. Temos de fazer alguma coisa. A vida que levamos é estranha. Digo-lhe, minha senhora, o que ela precisa é de um espartilho de ferro. Meu marido me diz que estou ficando doente. É assim, o que é que a gente pode fazer? Quando ela cai, eu lhe bato. O que fazer se, de 15 em 15 minutos, acontece-lhe alguma coisa? Depois de tanto tempo, é de fato surpreendente que ele ainda não tenha se matado."

Essa criança, arruinada por crises convulsivas, *não teve o menor problema* no internato. A mãe não quer admiti-lo: "Se você a prender, verá que ela cai." O discurso entrecortado da mãe deixa transparecer aqui a sua própria angústia quase assassina. Não temos certeza se é a criança que está exposta a um impulso de queda, ou se é a mãe que é levada a fazer cair a filha, amável, gentil, com o corpo habitado pelo pânico mais completo.

O encontro com o psicanalista é um reconhecimento, por meio do outro, de sua própria mentira. A criança apresenta a mentira por meio do seu sintoma. O que faz mal a essa criança não é tanto a situação real *quanto tudo o que não é dito*, e, nesse não dito, quantos dramas que não podem ser traduzidos em palavras, quantas loucuras disfarçadas por um equilíbrio aparente, mas pelo qual a criança sempre tem de pagar tragicamente. A analista está ali para permitir, por meio do questionamento de uma situação, que a criança se lance em um caminho que deve pertencer somente a ela.

CAPÍTULO 5

Psicanálise e Pedagogia

Há apenas meio século, os professores tinham o privilégio de serem os únicos responsáveis pela orientação dos seus alunos. Algumas considerações de classes sociais tinham, sem dúvida, o seu papel: hesitava-se sempre em aconselhar estudos dispendiosos a uma criança de família pouco abastada; o filho de burguês, em contrapartida, raramente era contrariado no caminho escolhido pelos pais. O número limitado de alunos permitia que os mestres conhecessem melhor as suas crianças e estabelecessem, sem muitos erros, um prognóstico de sucesso. O aumento dos efetivos, a sobrecarga das turmas em todos os níveis de ensino, alterou as próprias modalidades da instrução. Já não se trata tanto de conhecer os alunos, mas sim de dispensar-lhes da melhor maneira possível, em condições que pioram sem cessar, um saber que assimilam com crescente hesitação. Tenta-se amenizar a insuficiência dos mestres utilizando os métodos audiovisuais – a televisão fez o seu ingresso nos estabelecimentos escolares. Diversificam-se os métodos de ensino, recorre-se alternadamente à criação de classes-piloto, aos métodos ativos. A preocupação dos mestres parece estar em conseguir que os alunos participem do seu trabalho e que por ele se interessem.

Diz-se que a criança, atraída pela rua, pelo cinema, por diversas atividades culturais, não vai mais à aula. "Os alunos tornam-se nulidades em nossa geração", diz-me um professor; "tarefas desse tipo nunca teriam alcançado a média." A crise está no ensino, não podemos mais escondê-la. Ela alimenta as nossas leituras cotidianas da mesma maneira que o escândalo da habitação, as séries de homicídios etc. No entanto, buscamos a causa do mal em um lugar onde de fato ela não se encontra. Enquanto buscamos fórmulas pedagógicas melhores (que abandonamos em seguida por falta de confiança), disfarçamos a tragédia de um corpo docente *que não consegue mais exercer* o seu ofício.

"O diretor", diz-me certa mãe, "não pode me receber, pois não tem tempo. Disseram-me, no ginásio, que é uma sorte o meu filho estar ali, mas os alunos são numerosos demais para que possam cuidar de todos." "Não somos psicólogos", diz-me um professor, "não temos tempo; se ele não faz nada, procure o departamento de orientação".

Os professores que, apesar de tudo, procuram dispor de tempo são derrotados pelo número de crianças; a sua ação *isolada* quase sempre se revela ineficaz. Em nossos dias, é ponto pacífico que, "se uma criança 'não rende', a única solução é colocá-la em um colégio particular". Alguns colégios independentes suprem assim, em certos casos, a carência das escolas estaduais, mas a crise começa também a atingi-los, e a falta de pessoal qualificado se faz sentir particularmente nas classes primárias, confiadas cada vez mais a principiantes, quando se trata de uma forma de ensino que está longe de ser simples. Os "departamentos de orientação" desempenham um papel importante em certas cidades do interior; neles se ministram, em lugar dos mestres, conselhos de orientação escolar. "O que a gente pode fazer se o seu filho é preguiçoso? Abandone a ideia de mandá-lo estudar. O que ele acharia de uma atividade ao ar livre em que pudesse gastar as suas energias?"

O psicólogo escolar (função instituída em uma certa fase, mas depois eliminada) também é chamado a iniciar, em lugar do professor, um diálogo com pais preocupados. Alguns estabelecimentos enviam todo caso difícil a uma consulta psicanalítica. Verifica-se uma mobilização do grupo familiar em torno do "não querer" escolar, mobilização muitas vezes antecedida de tentativas inúteis de reeducações diversas. O problema hoje levantado pelos efeitos nefastos de um ensino preocupado antes de mais nada com salvar as aparências é, em primeiro lugar, um *problema político*. É, de fato, tarefa da Educação Nacional dar aos mestres possibilidades de exercer a sua função. Enquanto isso não acontece, os "estudantes desajustados" vêm engrossar todos os anos o efetivo das consultas públicas e privadas. São oferecidos paliativos aos pais, sob a forma de cursos privados, cursos de recuperação etc. Recorre-se até mesmo ao auxílio da Previdência Social para subsidiar escolas especializadas em técnicas de recuperação escolar. Longe de mim a ideia de criticar a contribuição indiscutível desses diversos órgãos. Eles testemunham, porém, com a sua própria existência, a falência do ensino. Dessa maneira, a Medicina recebe, em nossos dias, a carga ingrata de remediar esse mal.

Por outro lado, os progressos alcançados no diagnóstico dos distúrbios de dislexia e de discalculia não devem nos levar a perder de vista o seguinte fato essencial: é no âmbito da escola pública que deveria ser dada a possibilidade de um ensino adaptado aos "casos especiais". Mas isso pressupõe uma volta às turmas de poucos alunos, com professores que não estejam sobrecarregados de trabalho. O ensino na classe preparatória e elementar* não deveria estar reservado aos iniciantes e aos estagiários; todo professor deveria estar mais bem informado sobre as perturbações que podem surgir no campo da leitura, da ortografia, do cálculo. A criança assistida aos 7 anos tem mais possibilidades de se sair bem do que se for ajudada aos 10 anos, tendo contra si um passado de fracasso escolar.

---

*Nota do Tradutor: A classe preparatória e elementar equivale mais ou menos aos primeiros anos do nosso Ensino Fundamental.

Antes de indagarmos o que a Psicanálise pode oferecer à Pedagogia, é importante, digamos mais uma vez, criar uma situação em que o ensino seja *possível*. É sempre melhor para uma criança ser "recuperada" em seu ambiente escolar do que no hospital, mesmo que ela o frequente somente durante o dia.[1] A multiplicação de dispositivos "médicos" para estudantes desajustados é em si um problema desta época. O excesso de zelo materno de que essas crianças são objeto produzem, em determinados casos, uma perversão do comportamento. Do mesmo modo que escapam à lei escolar, procuram também, em sua relação com o outro, negar toda forma de obrigação ou de dever. Esses "casos especiais" formam uma categoria de privilegiados a quem tudo é devido. O futuro nos dirá o que essa nova forma de educação reserva. Mais uma vez, longe de mim a ideia de deter a expansão atual dos externatos médico-pedagógicos. Também não deixa de ser verdade que essa expansão levanta um problema do mesmo gênero daquele da falta de ensino. É evidente que, para a criança, a melhor solução é receber "a instrução de todo o mundo", mas ainda seria preciso que essa instrução respondesse às suas dificuldades.

A reflexão psicanalítica nos permite esclarecer o significado dos distúrbios espaço-temporais junto a certa categoria de crianças. (Esses distúrbios acompanham, em geral, graves desordens no domínio da leitura, da ortografia, do cálculo. Impõe-se então um processo psicanalítico, antes de qualquer forma de reeducação; a manutenção da criança na instituição frequentada é pedida para

---

[1] Alguns hospitais-dia* têm classes de recuperação. A sua existência é útil, mas salienta certo abandono da Educação Nacional, que não cumpre com as suas obrigações. O "direito à doença" entrou em nossos costumes, a ponto de nos fazer negligenciar o sujeito ainda não "doente".

*Nota da Revisora Técnica: Hospitais-dia são dispositivos ambulatoriais com permanência-dia, em substituição às instituições de internação.

evitar que se acentue, para ela, a face impressionante dos "casos especiais" que vivem entre eles.)

1º Os distúrbios acompanham uma dificuldade do sujeito em situar-se em relação ao seu próprio corpo (esse corpo muitas vezes não lhe pertence, não lhe diz respeito, é de fato propriedade da mãe; trata-se de uma relação muito particular com a mãe, como voltamos a encontrar em casos de deficiência e de psicose).

2º Constata-se uma impossibilidade de situar-se em uma *linhagem*: minha mãe se torna também minha mulher. E minha avó, uma senhora insubstituível, sem laços de parentesco. Nesse mundo, ninguém tem o seu lugar, e nenhuma regra preside as relações de parentesco. Desde que o sujeito se serve da linguagem, há confusão.

3º Quer se trate dos meses do ano ou dos dias, do tempo, da hora, o sujeito se encontra em uma época indeterminada, negando-se a utilizar uma nomenclatura usual. E, se ele concorda em utilizá-la, é absurda: "janeiro" não corresponde a nada, não tem sentido; assim como não tem sentido a noção de parentesco.

Os próprios reeducadores percebem que existe aí um problema que lhes foge. "Desenhei", afirma-me um educador, "Claude sentado, deitado e de pé. Perguntei-lhe: 'Quantos Claudes existem?' Não pude conseguir que a criança me dissesse: existe apenas um. Para ela, era necessário que houvesse três".

Do nosso lugar de analista, pode-se dar um esclarecimento: com efeito, sobre esse famoso Claude, tomado por um entorpecimento quando lhe perguntam se ele é *um* ou se é *três*, perguntemos a nós mesmos o que isso quer dizer na relação dessa criança com o outro. Qual é o Claude que deve desaparecer para satisfazer a exigência do reeducador, reunindo-se assim às fantasias desse tipo de criança, em que o desejo dos pais de que ela tenha sucesso e de que seja bela encobre com frequência um outro desejo (inconsciente): o de que ela morra. Essa simples questão permite-nos apreender uma das dimensões de certas aberrações escolares. É em casos análogos que um mestre, mesmo altamente qualificado, não chega a nada, porque esse distúrbio de fato nos remete a outro lugar, a uma dificuldade (mental) da criança.[2] Uma professora primária me aponta assim as "esquisitices" da sua aluna: "ela escolhe", afirma, "as suas operações, os seus problemas e, às vezes, os seus números. Ela tem, em outros momentos, uma conversa inteligente."

O que aparece no discurso dessa criança durante uma entrevista comigo? "Você, um dia, tinha pernas bronzeadas e estava contente. Era a última da turma; seu pai estava contente com a sua burrice e lhe deu uma recompensa. A Sra. M. estava feliz de férias. Ela trabalhava tanto que, quando era para voltar a trabalhar, ela chorou muito. Gostava de chorar. Ela costumava chorar por causa do seu trabalho. A Sra. M. não existe; você não está ali. Ah! Os olhos da Sra. M., os grandes olhos que você franziu para si mesma quando tinha *0* ano. Você fazia assim porque gostava de assustar a si mesma. Com *1 ano*, você chorava, rezava a sua oração e dizia a Deus que era louca, mas Deus não era ninguém, era também você. Aos *3 anos*, você era linda, você existia, mas os outros não, porque você era louca. Você tinha uma boca especial para o pão; você o fabricava para si. Não havia ninguém para fabricá-lo para você. *Eu lhe digo*, você estava sozinha. Aos *4 anos*, você tinha uma banana e rezava. Você dizia sem se queixar de que era louca, você dizia tudo no vazio a ninguém. Eu lhe digo, Deus é o vazio; ele é ninguém. Aos *5 anos*, as pessoas existem,

---

[2] Ou simplesmente ao seu mundo fantasmático. Certas formas de perguntar conduzem (por razões inconscientes específicas) respostas aberrantes, sem que nem por isso o sujeito seja necessariamente neurótico. Perguntar a uma criança se ela é *um* ou se é *três* pode ser desconcertante ou até perturbador.

mas são umas bestas, e você não fala com elas. Aos 6 *anos*, você era bonita para si mesma. Você não queria ser bonita para os outros. Eu lhe digo, os outros não existem." De nada serve Mireille tratar-me por *você*: eu não existo enquanto outro, como lugar da palavra. Ela explica nesse texto, de ritmo próprio, tão pungente, que as palavras não conduzem a nada. Ela parece me dizer que a sua mensagem não tem fundamento no outro, ele não procura receber nenhuma revelação de sentido. O mundo de Mireille se situa efetivamente fora de qualquer campo espacial; não há nem sujeito nem interlocutor. Essa sucessão de corpos parciais introjetados aparece ali como outras tantas ameaças endógenas. Trata-se de uma criança alienada, que, no entanto, frequenta normalmente as aulas apesar de resultados escolares imprevisíveis e sempre desconcertantes.

Nos casos de inadaptação escolar, deparamo-nos com uma gama variada de sujeitos. Nem todos necessitam de tratamento psicanalítico. Muitas dificuldades menores poderiam ser resolvidas no próprio círculo escolar da criança. Lembremos, a propósito disso, que é útil distinguir:

1º O sintoma com valor de mensagem; se a criança é submetida a uma reeducação em vez de ser entendida (em um plano psicanalítico), isso pode agravar claramente o seu estado.

2º O sintoma sem valor de mensagem: a reeducação, neste caso, é bem-sucedida.

Se tem poucos alunos, um professor pode dar importância, em seu ensino, a dificuldades específicas (no domínio da ortografia e do cálculo), ou até repensar esse ensino em função das descobertas recentes nesse campo. A criação de hospitais-dia não nos deveria levar a perder de vista as crianças comuns que, atualmente, esperam às vezes ser rotuladas de "doentes" para poderem tirar partido de um ensino conveniente com as suas dificuldades. Por outro lado, penso que não basta a criação de uma lei de obrigatoriedade escolar; cumpre torná-la aplicável na prática. Esse apelo "de imperativos pedagógicos" tem o seu lugar neste livro na medida em que as nossas consultas são insuficientes para enfrentar o número excessivo de casos moderados de inadaptação escolar que poderiam ter sido resolvidos no âmbito de um ensino tradicional padrão, se esse último estivesse mais adaptado às exigências de cada um.

Conclusões

O primeiro encontro com o psicanalista é, antes de tudo, um encontro com o nosso próprio *eu*; um eu que procura sair do engano. O analista está presente para devolver ao sujeito, como dádiva, a sua verdade. Se a criança-problema levanta implicitamente o problema do casal parental, não convém, contudo, enfrentar isso com *métodos de grupo*. (A família, sem dúvida não é um "grupo" no sentido em que se toma esse vocábulo na expressão psicológica. O que importa não é a vida coletiva dos indivíduos que a compõem, mas as estruturas ocultas que essa vida impõe a cada um.) Se o casal parental formula a sua questão *por meio do filho*, é em referência à própria história desse casal que ela deve assumir um sentido. O analista está presente não tanto para trazer soluções, mas para permitir que a questão se formule com base na angústia revelada pelo abandono das proteções enganosas. É em uma dialética sobre um plano relacional que se trava o debate. A formação do interlocutor o protege da onipotência dada pela investidura (ele pode, com efeito, não ser médico nem professor), a sua força reside no simples fato de se aceitar como lugar de encontro: é por meio dele, e para além dele, que uma verdade poderá ser apreendida pelo outro. Ele não é chefe espiritual nem guia, tampouco educador. Não tem a preocupação de dar uma ordem ou desejar o sucesso. O seu papel é o de permitir que *a palavra seja dita*.

Essa não será jamais qualquer palavra. A autoconfissão não se faz em qualquer situação. A quem vou entregar o mais íntimo do meu ser? Certamente não vou fazê-lo a qualquer um. Não é a investidura que importa aqui, mas a qualidade do interlocutor, que precisa ser capaz de situar o debate em um nível diferente daquele da pura relação dual. O primeiro encontro quase sempre não passa de uma preparação, de uma ordenação de peças de um jogo de xadrez. Tudo fica para se fazer mais tarde; contudo, as personagens puderam ser postas em campo. O que finalmente pode ser desenhado é o *sujeito* perdido, esquecido nos fantasmas parentais. O seu aparecimento como ser autônomo, não alienado nos pais, é, por si só, um momento importante. O fato de se colocarem questões de orientação, de escolaridade, é um pormenor. O importante é que elas se inscrevam em uma dinâmica de reconhecimento.

A psicanálise não deve ser uma obrigação. É por essa razão que, antes de considerar a sua extensão, como poderia ser feito no interesse do progresso social, é necessário examinar seriamente os problemas que ela estabelece.

Em nossos dias, as dificuldades psicológicas de uma criança fornecem à família *direitos*, sem que, com isso, os deveres dos pais (ou do sujeito) sejam suficientemente destacados. Contudo, a consulta pública, útil e necessária, corre o risco de validar uma espécie de exigência cega, do casal parental, que visa conservar as máscaras, em vez de revelar o verdadeiro problema. Uma consulta psicanalítica só tem sentido se os pais estiverem dispostos a retirar as suas máscaras, a reconhecer a inadequação da sua demanda e a se questionar, de alguma forma.

Embora a Psicanálise deva conservar o seu sentido e o seu valor próprios, ela permanece, de certo modo, exterior às organizações institucionais, mesmo que não lhes seja estranha. O primeiro encontro com o psicanalista continua a ser, na sua aparente banalidade, um encontro verdadeiramente excepcional. Trata-se, como dissemos, de um encontro consigo mesmo, isto é, com um outro em si que ignora.

"O que o analista dá", diz Lacan, "é o que existe no outro."
A revelação desse outro em nós é recebida em raros momentos fecundos, em um instante eletivo de nossa história, em que já podemos assumir a aventura que representa para nós a ruptura com um discurso enganoso –, aquele que sempre foi o nosso.

Nada será feito durante a consulta psicanalítica para proporcionar ao sujeito o que ele *demanda*. Ora, é essa mesma demanda que o conduz ao médico ou ao educador, os quais podem responder a isso de maneira adequada. O papel do psicanalista é considerar o seu caráter enganador, a fim de ajudar o sujeito a situar-se corretamente em relação a si mesmo e aos outros. A criança, como vimos, sensível a *tudo o que não se diz*, retira de tal confronto a possibilidade de um novo começo ou até mesmo de um primeiro começo como ser independente, não alienado no desejo dos pais.

Sobre a Autora

Maud Mannoni (1923-1998) foi uma importante e notável figura da Psicanálise francesa, conhecida por seu trabalho com crianças e adolescentes, especialmente em contextos clínicos e educativos. Desenvolveu uma abordagem psicanalítica, procurando entender as dificuldades emocionais e comportamentais de seus pacientes, bem como suas relações sociais e familiares.

Formada em Criminologia pela Universidade Livre de Bruxelas, aproximou-se dos estudos de Psiquiatria e, em 1948, tornou-se membro da Sociedade Belga de Psicanalistas (SBP) e, posteriormente, da International Psychoanalitical Association (IPA).

Foi inspirada e trabalhou com expoentes da Psicanálise mundial, como Donald Woods Winnicott, Françoise Dolto e Jacques Lacan. Com este último contribuiu para a fundação da Escola Freudiana de Paris (EFP).

Notabilizou-se por sua intervenção em favor dos excluídos e marginalizados.

Fundou a Association de l'École de la Cause freudienne e a escola experimental de Bonneuil-sur-Marne, voltada ao acolhimento de crianças e adolescentes excluídos socialmente, devido à gravidade de seus quadros.

Outras Obras da Autora

L'enfant arriéré et sa mère. Paris: Seuil, 1964.

L'enfant, sa "maladie" et les autres. Paris: Seuil, 1967. (Edição brasileira: *A Criança, sua "doença" e os outros.* Tradução de A. C. Villaça. Rio de Janeiro: Zahar, 1971.)

Le psychiatre, son "fou" et la Psychanalyse. Paris: Seuil, 1970. (Edição brasileira: *O Psiquiatra, seu "louco" e a Psicanálise.* Tradução de Marco Aurélio M. Mattos. Rio de Janeiro: Zahar, 1971.)

Enfance aliénée (obra coletiva). Paris, col. *10-18*, 1972.

Education impossible. Paris: Seuil, 1973. (Edição brasileira: *Educação impossível.* Tradução de Álvaro Cabral. Rio de Janeiro: Francisco Alves, 1977.)